秘笈

北大奇人怪招

吴业涛 / 著

浙江人民出版社

图书在版编目（CIP）数据

秘笈：北大奇人怪招 / 吴业涛著. — 杭州：浙江人民出版社，2021.5

ISBN 978-7-213-10007-9

Ⅰ. ①秘… Ⅱ. ①吴… Ⅲ. ①学习方法 Ⅳ. ①G791

中国版本图书馆 CIP 数据核字（2021）第 015624 号

秘笈：北大奇人怪招

吴业涛 著

出版发行：浙江人民出版社（杭州市体育场路 347 号 邮编：310006）

市场部电话：（0571）85061682 85176516

策划编辑：张 攀

责任编辑：孙 婧 诸舒鹏

营销编辑：陈雯怡 陈芊如

责任校对：何培玉

责任印务：刘彭年

封面设计：红杉林

电脑制版：济南唐尧文化传播有限公司

印 刷：杭州丰源印刷有限公司

开 本：710 毫米 ×1000 毫米 1/16 印 张：14

字 数：121 千字 插 页：1

版 次：2021 年 5 月第 1 版 印 次：2021 年 5 月第 1 次印刷

书 号：ISBN 978-7-213-10007-9

定 价：49.80 元

献给我的读者朋友们，

感谢你们的支持与爱。

为什么叫《秘笈》

有一件怪事让我终生难忘。

初三下学期的时候，中考的压力很大。有一天，任杰（为保护当事人隐私，采用化名）同学说要跟我商量事情，神神秘秘地把我带到一个没人的地方，很着急地对我说："吴业涛，帮个忙好吗？中考的时候，你的物理卷上写我的名字，我的物理卷上写你的名字。我多几十分就能上重点高中了，反正你是高手，少几十分也肯定没问题。"

我一听这话，吓了一跳，居然是这么离谱的请求，摆明了要把哥往火坑里带呀。我再乐于助人也不能干这傻事，连忙摇头，回绝他："不行，不行，如果被查出来就完蛋了。"

他仍不肯放弃，苦苦央求，还说会给我好处。但我又不是

那种胆大包天的人，不可能答应他。

任杰很着急，第二天又找我，这回不再提作弊的事情了，而是问我："吴业涛，你上个学期进步了40名，有什么秘诀能够提高成绩呀?"我一下子没想清楚，而且几句话也说不明白，只能告诉他"上课认真听课，多做笔记，买些好用的参考书"之类的老套废话。

当时离中考只有1个多月了，这些正确的废话丝毫不能缓解任杰的压力。他越听越失望，越听越着急，皱起了眉头，脸上的肌肉都有点扭曲。

不过他的表情很快就恢复了平静，笑嘻嘻地指着我的头，说道："你的脑袋那么大，一定装着很多知识吧。"我挺腼腆的，一听他夸我，就不好意思地低下了头。

就在这时，任杰趁我不备，把手伸向我的脑袋，突然大喝一声："我要吸你的知识和智慧，我要吸你内力!"然后手就抓在我脑袋上了。

他这雷人举动把我弄得哭笑不得，我的额头上顿时出现好大一滴汗。也不知道该说什么好。刚开始我还以为他是在开玩笑，后来发现他"吸"得好认真，眼睛瞪得很大很吓人，全身像触了电一样地抖动，嘴里还咬牙切齿地配着"咿咿呀呀"的音效，真的非常像武侠电视剧里高手吸人内力的样子。

我本来是绝对不相信这一套的，但看他“吸”得那么认真，我渐渐有点害怕起来，怕他真的把我脑子里的东西吸走，连忙把他的手推开，制止了他。

但任杰没有死心，后来的几天里还试图“吸我内力”，经常在我身边盘旋，趁我不备就要伸出“魔爪”。我实在忍无可忍，大声斥责他：“你是属蚊子的吗？整天吸来吸去，有完没完！”他见我很生气，就轻声说了句“对不起”，很失望地离开了。

任杰原本是一个谦和有礼的好人。看他被中考的压力逼得做出各种稀奇古怪的事情，我也挺难过。只是初中的我对于学习方法的总结还不够具体和深刻，也帮不了他多少。

1 “放火烧数学”和“星号法”

到了高中的时候，随着不断钻研和成绩的进一步提高，我终于能够总结出许多学科的学习技巧，例如“放火烧数学”“星号法”等多种方法。这些方法都具体有效、切实可行。

第一，数学是令很多人头疼的学科。我一开始在题海中投入了大量的时间和精力，却没什么进步。后来我意识到，数学题的变化比任何学科的题目都要多，随便一道数学题都能有无数种变化。光靠多做题而试图把这么多变化都记住是绝对行不通的。

这就像是玩魔方，一个小小的魔方居然能有 4000 亿亿种图形变化，想把每种图形的还原方法都记住是不可能的，那些 10 多秒还原魔方的高手是如何做到的呢？他们培养了将不熟悉的魔方图形转化为几种已知魔方图形的能力，一旦转化成这几种熟悉的图形，他们就能毫不费力地将魔方还原。

题海战术就像是试图记住所有魔方图形的还原方法，非常不可行。我们需要做的是培养将不熟悉的题目转化为已熟悉题目的能力。如何才能快速高效地培养转化题目的能力呢？这正是“放火烧数学”的奥妙所在。

第二，记笔记和将错题抄到错题本上都是好习惯。但是许多同学懒得复习笔记和错题本，使其成为摆设，效果自然不好。我原本也只在考前看一次笔记和错题本，印象不深。后来采用了“星号法”让我体会到了复习的乐趣，促使我每次在考前复习笔记和错题 3 次以上，从而量变引起质变，显著地提高了成绩。

以上两种方法在本书中都有详细介绍。

2 北大的“疯人院”

智力普通的我，依靠高效的学习方法考上了北大。到北大学生物以后，学习虽然没高中忙，但是也绝对不轻松。北大理科院系的数学、物理、化学及生命科学学院被称为“四大疯人院”，课业繁重。这是因为学习如何做科研本来就难，而且北大理科院系的同学，大多数都想拿奖学金出国或者被保送读研究生，很看重成绩。工科类院系比如学计算机的，很多人本科毕业就去工作了，不怎么在意成绩，在学业方面就轻松不少。文科院系相对而言就更轻松了，可以有大量时间用于社团和社会实践等课外生活。

上中学的时候，我以为自己很厉害。到了北大，才知道世界很大。这里卧虎藏龙，让我见识到许多奇人怪事，收获颇多。因此我打算把 18 个令我大开眼界的人写出来，希望他们的传奇经历与独特的学习方法能够对读者有所启发。

3 我在北大遇到的奇人——“柯南”王凯

王凯来自人杰地灵的“天府之国”四川。他身子微胖，为人憨厚，很快就被大家起了个绰号——“熊猫”。为什么他又被称为“柯南”呢？读者们看下文便会知晓。

王凯大一时的成绩非常优秀，是全班第三名，而且人缘又好，所以评大一学年奖学金时，他获得 8000 元的高额奖学金。那时的他，总是乐呵呵的，楼道里时常回响着他爽朗的笑声。

大二的时候，有一家网游公司到北大疯狂推广他们的网游，派人偷偷从门缝往每个寝室里塞进一张装有网游的光盘。光盘的封面印刷精美，非常吸引人，但我知道网游比单机游戏更容易让人把持不住，直接就把这张光盘扔进垃圾桶了。

可惜王凯没扔，他试着玩了一下。从小到大都没怎么玩过游戏的他，觉得网游新鲜有趣，很快就沉迷其中，从此便一发不可收拾。他成了一个标准的游戏宅男，大量旷课，很少离开寝室，总是长时间地坐在电脑前打网游，经常通过麦克风和队友大呼小叫，激动得不得了。

本科时的成绩排名一直被作为个人隐私严格保密，只有在开班会投票评奖学金时，成绩才会公布。其实，只要把排名靠前的人公布出来就行了，但评选大二学年奖学金的时候，班主任去日本出差，主持班会的辅导员没有经验，太“耿直”了，居然当着全班同学的面，从第一名到最后一名，一个个地把名字全部念了出来。

这让排名靠后的人很难受，简直就像是在等枪毙，尤其是倒数第一名的王凯，脸色一下子变得很苍白。我们猜到王凯这回无缘奖学金，但是谁也没想到他居然从第三名掉到了倒数第一，都对此感到非常诧异。我们班的第三名是有很大把握申请到世界名校读博的，倒数第一的人却往往因挂科较多，有被开除的危险，这个落差实在太大了。

在评选奖学金之后，班会的第二项内容是评选班干部。本班高手如云，有好几个省状元和奥林匹克竞赛金牌得主，大一结束后，年级前 10 名有一半都是我们班的。因为高手太多，在评选学习委员时，没人敢出来参选。

我们都以为辅导员只能指定一名成绩好的同学当学习委员，这时候，王凯出人意料地站了出来，表示要参选学习委员。他昂着头，大声地说："我虽然现在成绩是倒数第一，但是一定会吸取教训，努力学习。我有信心胜任学习委员的工作，希望大家支持我。"

倒数第一站出来参选学习委员，这需要何等的勇气？大家都被这一幕震惊了，非常佩服王凯，给了他雷鸣般的掌声，为他喝彩加油："王凯，好样的！""熊猫，我挺你！"他获得全票，成功当选为学习委员。

开完班会的当天晚上，王凯便开始到自习室努力学习。我们都为他的变化而感到高兴。可惜好景不长，才过了不到一个月，王凯又开始打网游了。虽然他戒掉网游的决心很强烈，但是网游可不是那么好摆脱的。哪个沉迷网游的人没试图戒过？如果那么好戒的话，网游公司早就破产了。

王凯并不是一个自制力很强的人，之前考上北大，是因为没有受到网游的诱惑。现在他已经沉迷于网游半年多，深陷其中，难以自拔。网游不但耗费了他的时间和精力，而且让他养成了懒散和熬夜的习惯，难以像原来那样长时间努力学习。

不久前在全班面前表了决心，现在又开始堕落。王凯感到很难堪，没脸见人，居然用很厚的棉被包裹着自己，试图将自己与世界隔绝。天又不冷，他整天裹着被子走来走去是件很奇怪的事情，看上去就像一只蜗牛背着壳。

在玩网游时，他甚至用被子将自己的脑袋和电脑屏幕都笼罩起来，形成一个漆黑的超小型电脑包间。虽然王凯不想让别人知道自己在玩游戏，但是那频率很高的鼠标点击声，还是明显地出卖了他。

网游并没有真正令王凯开心。每当他玩完游戏以后，巨大的空虚和自责压在心头，重若泰山。他想重整旗鼓，在书桌上写了一句话：“梦醒花犹存，铁甲依然在。”以此劝勉自己不要被挫折所击倒，重新赢回旧日的荣光。

尽管多次试图激励自己，希望变得像以前一样努力，但是

每次都坚持不了几天。他知道这是在自毁前程，开始忧心忡忡，愁眉紧锁，有时会裹着被子，长时间地坐在床头，啥也不干，眼睛直愣愣地盯着空无一物的前方。

谁濒绝境，心不迷茫；谁临困苦，身不孤单？人到了最郁闷的时候，往往是不愿意诉苦的。我们也不需要听王凯说话，只要看他一眼，没人不知道他在发愁。他的痛苦表情和反常举动都令我们感到难过。

当时网上有学生杀舍友的新闻，王凯的舍友们甚至害怕他万一哪天想不开，趁他们睡觉时，把他们一起“带走”，偷偷议论：“锋哥，赶紧把你切水果的小刀藏起来。”“没用的，王凯有哑铃，那个更好使。”“唉，难道我们睡觉还得在头上罩个铁桶不成？”

一开始，他的舍友们只是在背后议论，后来有人就半开玩笑地对王凯说：“熊猫，哥一向待你不错呀。你要是上路，可千万别带上我。”这话让王凯哭笑不得。

王凯是个非常善良的人，绝不会伤及无辜。但是他的情况依旧令人担心。班主任告诉了他的父母，他们赶紧请了一周假，过来照看王凯。王凯竟然脱胎换骨了，控制自己再也不玩网游，从此变得很努力。我当时还以为是他父母的思想工作做得好，对他们佩服得五体投地。

王凯大三这一年的成绩大幅回升，达到班级第五，但是他大二的成绩实在太差，拉低了大学期间总成绩，使他难以申请到国外名校读博。而且由于大二那年挂了好几科，他失去了保研的资格。

我们都为他感到惋惜，可是面对重重困境，王凯并没有像以前一样发愁。他当时已经到实验室实习，找到了摆脱困境的方法，如果能在科研方面做出成果，就可以弥补自己成绩的不足。为了把沉迷网游造成的损失夺回来，王凯开始疯狂地做科研。

科研可比学习难多了。学习每天都有收获，科研的绝大多数时间却是在面对失败。以前的科学家经常要做几百次实验，才能获得成功。随着科学不断向高深发展，科研越来越难，现在做实验，你不失败几千次、几万次，都不好意思跟别人说自己在搞科研。因此，爱看科技新闻的人虽多，喜欢科研过程的人却极少。

许多本科生做科研只是想在简历上混个经历，应付了事，在实验室里度日如年，恨不得赶紧做完实验回去玩。王凯却是把科研当成了命根子。他精益求精，为了将实验做得更好，愿意多花很多时间。正是因为积极的态度和过人的努力，他在琐碎重复的科研过程中，体会到了做实验的乐趣，这是一般人很

难感受到的。

我们寝室的同学经常喜欢在睡前卧谈，大家天南海北胡吹神侃一通，很是开心，常常会兴奋得睡不着。在一次寝室卧谈中，室友冯铁夫问我："吴业涛，你觉得咱们级谁最喜欢科研？"我毫不犹豫地回答他："别看王凯以前很颓废，现在要论谁最喜欢科研，那一定是他。"

王凯曾是一名宅男，但是投身科研之后，他就不再是宅男，而是科研宅男，简称"柯南"。一般的宅男是宅在家中或宿舍里，像王凯这样的科研宅男却是宅在实验室里。大四时，他不但白天待在实验室，晚上也经常支起行军床在实验室过夜。

他在同学中以爱好科研而闻名，被称为"三句不离科研的男人"。这是因为王凯经常会很主动热情地与我们讨论科研。"斑马鱼是透明的，可以直接看见它的内脏发育情况，用来做实验特别方便。”“三楼的基因工程实验室在西红柿中表达（基因表达是生物学术语，指将来自基因的遗传信息合成功能性基因产物的过程）口服胰岛素，以后吃西红柿可以治糖尿病，真是太有意思了。”“我有个叫李英睿的直系师弟去华大基因实习期间在*Nature*（英国《自然》杂志）发了篇文章。他才大三就成了华大科研团队的高管!”一提起做实验的诀窍和最新的科研进展，他就会变得眉飞色舞，非常兴奋，令我们十分佩服。

功夫不负有心人，最终他在国际知名学术期刊上成功发表了一篇利用小分子化合物抗衰老的论文，并申请了国际专利。王凯发现的药物能显著延长小白鼠寿命，引起了学术界的广泛关注，成为学者争相研究的热点。

本科生能做出像王凯这样的科研成果是极其罕见的事情，他的总成绩虽然不是很好，但是凭借这篇论文和导师热情洋溢的推荐信，他成功申请到了哈佛的全额奖学金。发论文是一件很花时间的事情，王凯为了发表论文，比同学们出国晚了一年。他用这额外的努力，弥补了自己大二那年的荒唐所造成的缺口。

后来，王凯回国参加同学聚会。我很好奇地问他：“你父母当时到底是怎样给你做思想工作的，让你有了那么大的转变?”他告诉我，父母当年开导他，减轻了他的心理负担，但是对于他网游成瘾的问题也没办法，便带他去找了个很厉害的

戒网瘾专家。

那个专家并没有跟他说一堆打网游如何不好之类的废话，而是教他一些自控的技巧，如“命运罐”。他就用这些技巧，让自己变得有自制力，摆脱了网游。

王凯能考上北大，而且曾在北大名列前茅，我们都知道他有足够的学习技巧。可是到了大二的时候，成绩还是一落千丈，这说明，要想取得好成绩，不但需要学习技巧，而且需要努力和自控的技巧。学习技巧相当于武林秘籍里的外功招式，具体、实用、见效快。努力和自控的技巧，相当于武林秘籍里的内功心法，是变成高手的根本所在。

4 秘笈

我在大学毕业后选择了留校保研。硕博连读期间，我担任了本科生班主任。班主任的最大职责就是要帮助困难学生，尤其是那些沉迷于网络和游戏的学生。这是一件非常不容易的事情。我更加留意努力和自控的技巧，阅读了大量相关书籍，进一步观察和总结了自己和他人的经验教训，思考如何才能做得更好。

30 多年前的一天，一位妇产科女医生在白天替 10 个孕妇接生后，觉得很累，晚上昏昏欲睡时，生下了我。

父母给我起名“吴业涛”，是希望我“没有事业的波涛，一帆风顺”。但是以前我自控力很差，特别贪玩。从小到大，成绩经常有很大的起伏，第一名考过，中等考过，倒数也考过。这些浮浮沉沉，一方面让我明白各分数段同学的感受与需求；另一方面也有利于我思考一个人要怎么做，成绩才能进步。

最后，我终于总结出来一套行之有效的学习方法，不仅有具体学科的学习技巧，还有努力和自控的技巧，比如“自宫法”“命运罐 2.0”和“皮蛋必胜法”等。

诸位看官不必惊慌，这里说的“自宫”只是一个关于学习方法的比喻，是众多学霸经常反复使用的一种手段，绝非武侠电视剧里的自宫。我特别看重身心健康，不可能劝读者们阉了自己。至于比喻的是什么？书中有详细介绍，看完后自会明白。

王凯告诉了我“命运罐”这种奇妙的方法，我在其基础上进行了完善，提出了“命运罐 2.0”。这是一种提高自制力和执行力的方法，效果强劲，让意志力薄弱的我至今都受益匪浅。我也曾利用命运罐帮助学生，还获得了北大优秀班主任奖。

许多人总是觉得学习是件先苦后甜的事，为了好成绩和名校，不得不忍受学习过程的折磨。我却认为，只为了名校而学习的人，考不上名校。爱上学习的过程才是学习的王道，而且爱上学习有具体可行的技巧，“皮蛋必胜法”正是帮助学生爱上学习过程的方法。

我非常希望跟别人分享这些学习方法，于是把它们教给了一些初中生和高中生，他们中的许多人取得了很明显的进步。例如黄承天用两周时间把语文提高了10分，张明磊甚至从年级第112名进步到年级第15名。

这些成功例子的具体原因尽在此《秘笈》中。现在市面上关于学习方法的书太多了，我认为如果要写，就务必要写出一本与众不同、有趣、有用、有激情的好书。于是我将自己最大的热情投入到此书中，历经3年的精心创作，20余次修改，终于完成此《秘笈》。我相信这部饱含心血的作品，必然能让读者们感受到满满的诚意。

此《秘笈》可分为三部分。

第一部分是热身运动篇，主要讲述我认识的“老大”和“九命猫”等北大奇人，我在介绍他们的传奇经历之时，会提及他们的优秀习惯与独特学习方法，希望能对读者们有所启发和激励。

第二部分是内功心法篇，包含“皮蛋必胜法”“命运罐2.0”“充电式休闲”等关于努力和自控的方法，讲述具体怎么做，要注意什么样的细节，才能更容易培养执行力和良好习惯。

第三部分是外功招式篇，包含“放火烧数学”“影子模仿术”等各学科的学习技巧。

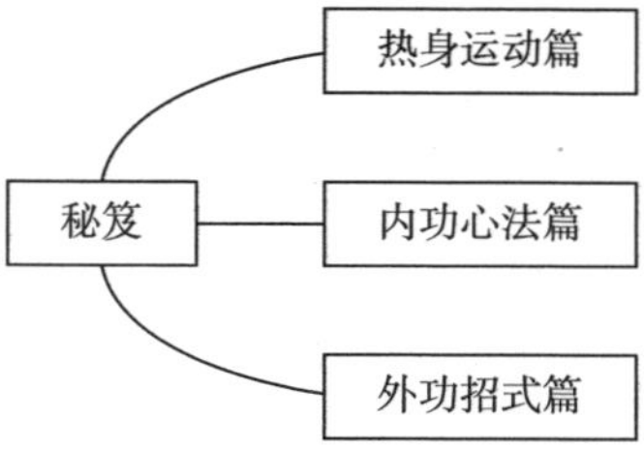

如果能穿梭时空，我会回到任杰问我秘诀的时候，告诉他：“秘诀没有，《秘笈》倒是有一本。”

目　录

热身运动篇：霸气

我们都生活在现实社会中，又不是身处于神奇的动漫世界，怎么可能突然一下子把内裤外穿，变身超人？胸怀大志是好事，但是不可急于求成。

内功心法篇：和气

把学习当成玩，学习能比玩还有意思；把学习当成折磨，学习也不会逊色于任何酷刑。给学习一点阳光心态，我们能收获极大的灿烂辉煌。

外功招式篇：大气

会玩魔方的人，难道要把几千亿亿种变化全都背下来吗？这类似于用题海战术学数学。想要把题目都记住，是极为愚蠢的做法。

热身运动篇：霸气

我们都生活在现实社会中，又不是身处于神奇的动漫世界，怎么可能突然一下子把内裤外穿，变身超人？胸怀大志是好事，但是不可急于求成。

“奇人”身上奇妙多！

1 我在北大遇到的奇人——“老大”

据我多年观察，在北大有三类生源表现最为优秀，分别是来自哈尔滨市第三中学、北京市第四中学和湖北的学生。

哈尔滨市第三中学简称哈三中，这是一所具有悠久历史的名校。从哈三中考上北大的学生很多，他们普遍有一股“想做，就一定要做到”的霸气，非常厉害。北京市第四中学通常简称北京四中，来自四中的学生往往有一种精英甚至是贵族的气质，眼界开阔，且做事有模有样。湖北的学生素来以聪明而闻名，但是我觉得做事很有拼劲是他们更大的优点。

我见过的哈三中学生里，“老大”最强。他是黑龙江省高

考理科第二名，考上北大后依然表现抢眼，是我们全年级成绩最好的男生。能考上北大的学生在中学时成绩都挺好，同学们很难会因为一个人成绩好而心悦诚服地叫他“老大”。老大之所以被尊称为老大，更多是因为他所体现出来的霸气。

他个子不高，只有一米六八，腰杆挺得笔直，丝毫没有书呆子弯腰驼背的样子，眼睛很大，时常放射出犀利的目光。老大在说话时，经常像领导一样拍别人的肩膀，加上他充满自信的爽朗大笑，霸气侧漏的外八字脚步，都让大家感受到不怒自威的强大气场。

老大甚至连网络 ID 都是很拉风的“海东青”，即东北地区一种体形较小的猛禽，虽然比鹰和秃鹫小得多，但可以捕杀身体大其三倍的大型禽类。

老大的习惯

老大可不只是看起来强，他良好的学习习惯令我十分佩服。老大在学习时很专注，经常如同佛像一般长时间稳坐在书桌前。他的舍友喜欢玩游戏，有时会联机对战，互相叫嚷，很吵。我可以在这种环境中打游戏或看电影，绝不可能学习。老大却能在一片喧哗中悠然自得地阅读课本，他整个人沉浸在学习带来的乐趣里，丝毫不受外界的影响。

老大在回想的时候更是全神贯注。他每天晚上都会安排半小时左右的时间，试图在脱离课本的情况下，把当天学到的主要内容用自己的语言复述一遍，并在白纸上画出知识结构图。如果有哪些想不起来的，就重新打开课本看一看。在进行回想时，老大是如此专注，以至于我要叫他两回，他才能听见。

老大不但专注，而且讲究规律。高中时同学们的作息往往都比较规律，但是读大学时没什么人管，太自由，所以大多数人的作息开始混乱。平时过12点才睡，到了考前1个月，经常熬夜，甚至通宵突击复习。老大却是一直保持在晚上11点前睡，无论是考试前一天还是放假时都不会有任何改变，就像钟表一样稳定。

老大睡得早，起得也早，每天6点钟就起来学习，其实学习时间并不比那些晚睡晚起的人少，而且健康规律的作息让他精神百倍，学习效率高。正是因为老大总是精力充沛，所以才能长期保持强大气场。

我在大三时因为课业太重，曾经坚持1个月每天晚上睡4个小时，中午睡1个小时。看上去学得很努力，实际上整天昏昏沉沉，效率低得可怜，远不如以前正常作息时的效果好。即使是上了大学，也应该保持像老大这样的中学作息才对。规律的作息不仅使得老大学习效率极高，取得优异的成绩，而且还让他的身体好，皮肤好。

癞蛤蟆想吃天鹅肉

老大是一个想做就一定要做到的人，这一点不仅体现在学习上。他从大一时就开始喜欢我们班的副班长刘志玲（化名）。她可是一位美女，除了具有“白富美”的优点以外，还有1米75的模特身材，成绩是年级前五名，不比老大差多少。她的追求者众多，简直可以从北大东门排队排到西门。老大成绩好，但是跟“高富帅”这三个字一点关系都没有。他想追刘志玲的念头，难免被许多人鄙视为“癞蛤蟆想吃天鹅肉”。

老大绝不满足于想想而已，他勇敢地展开了一系列追求行动。比如为了创造更多接近刘志玲的机会，对班级事务丝毫不感兴趣的老大，在大一下学期通过竞选当上了班长，此后便“无耻”地经常找各种理由单独和刘志玲“开会”。大家纷纷调侃他：“老大，咱班可有六位班干部，你总是开这两人班会也太露骨了吧，还敢更明显一点吗？”

再不要脸，开会也需要有名目。为了多和刘志玲谈话，老大想出了无数的班级活动，这次春游，下次参观博物馆，诸如此类，热闹非凡。别的班同学都称赞我们的班长热心称职，经常在晚上10点后还和班干部热烈讨论班级事务，这时我们就只能呵呵一笑了。不过话说回来，这么多会可没白开，班级活动组织得很棒，必须赞一个。

老大与刘志玲熟悉以后，便开始经常向刘志玲嘘寒问暖献殷勤。可是刘志玲的追求者太多，她没过多久就跟一位清华的帅哥在一起了。老大不死心，还反复邀请她在寒假时去哈尔滨看冰灯。大三时，我看见他在准备给刘志玲送花，就劝阻他：“老大，她都有男朋友了，你还送花给她干啥。”

老大听了我的话，淡定地轻声反问我：“哦，刘志玲的男朋友是谁呀？”

“不就是清华的那个吗？”我不解地回答。

老大一听就乐了，鄙视我道：“吴业涛，你这都是800年前的消息了，清华那个早已经是她的前前男友了，她现在的男朋友是北大物理学院的研究生。”

老大做事向来很到位，想必在刘志玲身边安插了耳目，对她的情况了如指掌，没准还能为老大美言几句。不过我还是觉得他在白费工夫，说道：“那还是有男朋友呀，天涯何处无芳草，你又何必追一个有主的女生？”

虽然我没有把“挖墙脚”这难听的字眼说出来，但是老大还是被我戳到了痛处，激动地反驳道：“有男朋友就不能追吗？结婚还有离婚的呢。你以为只有我在挖墙脚吗？现在追她的人还有一大把呢。”

我被老大这番话说得哑口无言，心想，挖墙脚怎么也能如此理直气壮呢？我还有点同情刘志玲的男朋友，俗话说“天下没有挖不倒的墙脚”，更何况是许多锄头一起挖，别说墙脚，长城都经不住这么挖呀，这哥们的任期估计很快就要到头了。老大的苦心终究没有白费。不知是佩服老大的能力，还是被他的诚意所打动，刘志玲最终在大三的时候成了他的女朋友。

多线作战的老大

我们寝室和老大的寝室是斜对门，所以我和老大很熟，关系挺好，经常在一起聊天。有一天，老大情绪有些低落，唉声叹气。这可是很反常的现象，什么事情能让老大为难呢？我便开玩笑地问他：“老大，你有什么不开心的事情吗？说出来让我开心一下吧。”

老大就向我倾诉了他的压力，他既想搞好学习，又要谈恋爱，还要进实验室做科研，又想考托福和GRE，还想把游戏打好，真是忙不过来，压力太大了。昨天他因为在实验室时间太短，被导师训了一通。

我听着觉得有点不对劲，老大的话里好像混进了些奇怪的东西。我劝他道：“学习、科研、谈恋爱、托福、GRE，老大你已经是在五线作战了，既然这么忙就别玩游戏了。反正你水平那么菜，跟我们玩游戏，只不过是在被我们玩而已。”我这话一点都不夸张，老大在中学时从不玩游戏，到了大学以后跟我一起玩星际争霸时会被虐得很惨。我经常会变着法子羞辱他，比如在游戏对战中派一大堆农民，把他少得可怜的军队围殴致死。

老大却是个死不服输的主，不听我的忠告，叫嚣道：“不行，我再忙也一定要练好星际，下次肯定灭了你。”

我见老大不愿意放弃任何事情，就只能劝他可以把一些事情往后拖，比如可以再迟一点考托福，或者先从实验室退出来，到了大四再去另一个实验室也行。

老大不仅是想做就一定要做到的人，而且是想做就一定要尽快做到的人。他不但不愿放弃，而且不愿意拖延。我跟他说：“这么多事情，绝对不可能兼顾的。人的时间和精力是有限的，什么都想做，只会导致什么都做不好。老大，自信是好事，但你这回真的想多了，洗洗睡吧。”

老大却是铁了心要在半年时间里把这一切都搞定，一件都不往后拖。他订了一个很详细的计划，把诸多事情都安排了进去，比如每天早上 6 点钟起床背一个小时单词，每天下午 2 点 ~ 6 点只要没课就去实验室做科研，其间可以利用做实验的间隙写作业，每天晚上从 6 点 30 分到 10 点都跟刘志玲一起

上自习，诸如此类。当我前两年看见在网络上流传很广的清华学霸学习计划表时，不由得感慨，原来学霸们都好这口。

清华学霸马冬晗学习计划表

第四周，周五计划

6:00 ~ 6:40：起床、早饭

6:40 ~ 8:00：复习、整理、打印课件

第一节课：上大学物理课

第二节课：上程序设计课

11:25 ~ 13:30：午饭、自习微积分第二册和大学物理

第三节课：自习

第四节课：程序课上机时间

第五节课：晚饭、自习大学物理

第六节课：自习大学物理

20:00 ~ 22:30：自习、跳绳

22:30 ~ 23:00：听 CNN 英语

23:00 ~ 1:00：自习、用电脑处理社会工作相关事宜、睡觉

计划完成情况：完成微积分第二册、大学物理、社会工作

学习情况：静心、思考

社会情况：素质拓展、校学生会、宣传委员会

体育锻炼：跳绳

生活状态：积极平和

修养品行：多思、少言、必行

一天总结：确定目标、矢志不渝

订计划的人很多，能完成计划的人很少。老大虽强，但我认为一个人根本不可能同时做好那么多事，并没有把他的雄心壮志当回事。直到大三暑假的一天，我和老大一起走在去食堂的路上，他突然微笑着对我说："吴业涛，还记得半年前你跟我说的话吗?"

"什么话?"看着老大一副神神秘秘又很得意的样子，我一时完全没有了头绪。

"就是你说的'这么多事情，绝对不可能兼顾的'那句话呀。我现在可全都做好了。"老大更加得意地说着，已经乐得合不拢嘴，还试图强忍笑容故作低调，表情贱兮兮的。

我顿时恍然大悟，仔细一盘算，老大这半年来成绩没有丝毫的下滑，托福和 GRE 的分数都很高，在实验室做科研做得有模有样，跟刘志玲的恋情也很顺利，经常给我们这些单身狗喂狗粮。他在百忙之中还挤出时间，每周用 1 个小时练游戏。

虽然玩游戏时还是被我蹂躏，但是我以前都是左手拿着零食，右手拿鼠标就能虐他。现在他水平大涨，经常要逼得我鼠标键盘一起用才能赢。如此看来，不知不觉中，老大真的在半年把这6件事都做到了。我一想到自己几乎把所有时间都投入学习中，成绩还远不如多线作战的老大，自己简直就是个渣渣呀……

老大的确太强了。在北大保持成绩名列前茅已经是特别难的事情。在实验室做科研还需要花费大量时间。托福比高考英语难很多，GRE作为美国研究生入学考试，需要掌握8000个普通美国人都不懂的生僻单词，难度远非托福能比。想挖墙脚的"高帅富"太多了，外在条件很一般的老大要想守住刘志玲，又比前面提到的所有事情加在一起还难。每周都玩一次游戏，但是始终严格控制，只玩1个小时而不沉迷，这也绝不是普通人能做到的事。

看来我之前对他说的话，非但没有阻止他，反而激励了他。越是常人觉得不可能做到的事，老大越是想做到，他这是憋足了劲拼命努力来打我的脸呀。

为什么别人订计划经常完不成，而老大却能非常好地实现自己的计划呢？这其中有什么诀窍吗？

见我很好奇，老大便大方地将秘诀说了出来："我每天订完计划之后，都要在脑海中，把执行计划的过程仔细地想象一遍。这样，我的计划不但写在纸上，还深入了大脑中，成了潜意识的一部分，不知不觉就会按照计划行事，更有利于计划的实现。”

“老大，你在学习的时候是如何避免手机和电脑干扰的呢？我只要一有手机在身边就忍不住想上网。只有远离手机和电脑的时候我才能静下心来学习。中学的时候隔绝手机和电脑并不难，但是大学很多作业都必须用电脑完成。”我向老大问出了心中的疑惑。

“网络本身其实没多大诱惑力，只不过是无聊的时候用来打发时间罢了。你越是躲着它，越容易觉得它很厉害。我根本就不 care（在意）它。学习的时候，就算把手机和电脑放在我面前，我也压根不把它当一回事。害怕诱惑、隔绝诱惑不如蔑

视诱惑、战胜诱惑。”老大霸气地回答。

他的话让我很受启发。也许正是因为这些良好习惯，让他能够拥有无坚不摧、想做就一定要做到的超强执行力。

我之前建议他尽量不要同时做那么多事情，这对于99.99% 的人都是正确的。不过一个能在北大当“老大”的人，并不属于这 99.99%。他是万里挑一的精英，虽然不是过目不忘的天才，但他是努力的天才，使我亲眼看见了一个人能如此高效完美地利用时间，他是我学习的榜样。

时间对于所有人都是公平的，每个人的一天都是 24 小时，但是每个人对时间的利用效率有天壤之别。多数人的时间利用效率是极低的，不知不觉中，大量时间浪费在了各种无聊甚至有害的事情上。即使是在学习和工作的时候，也经常处于昏昏沉沉、发呆或开小差的低效状态。进入大脑的计划、健康规律的作息和享受学习乐趣所产生的专注正是老大高效利用时间的关键。

屋漏偏逢连夜雨

出来混总是要还的。大四的时候，刘志玲最终还是被别人“挖”走了。老大竭力地想表现得很爷们，装出一副淡定的样子，但还是无法掩饰自己的难过，脸上就像写了两个字“失恋”，即使偶尔笑，也笑得很勉强。

在我们看来，老大并不是失败者。他和刘志玲的感情维持了一年，已经很不容易。他通过一点一滴的苦心经营，把自己这副十分普通的牌打出了同花顺般的效果，是值得我们佩服的。

可惜屋漏偏逢连夜雨。老大不但情场失意，学业上也遭遇“滑铁卢”。他居然没有申请到国外大学的奖学金。当年，我们学院光哈佛就去了 5 个人，还有很多人拿到斯坦福、普林斯顿、耶鲁等名校的奖学金。老大是成绩最好的男生，仅次于一个绰号叫“old 叶”的女生，能在全年级排到第二名。他看见那么多成绩和科研等方面不如自己的人拿到名校的 offer（录取通知）欢呼雀跃，自己却一无所获，怎么能不郁闷。

老大的惨败，主要是由两个原因造成的。

首先，是他的申请材料做得太差。那时正好遭遇分手，他情绪低落，没有认真地修改申请材料。而且别人一般是申请二三十所学校，老大却只申请了十所。

其次，我们学院素来有一个“第二名魔咒”，即年级排名第二的人申请结果往往会非常糟，远不如年级前十名的其他人。这可能与科研行业的残酷竞争有关。竞技体育是非常残酷的，但是第二名还能获得银牌和奖金。做科研可不是这样。谁会给第二个提出相对论的人发银牌？又有谁会给第二个发现元素周

期表的人发奖金呢？在做科研时，第二名就是最大的 loser（失败者）。也许很多教授都本能地排斥“第二名”这个字眼，看见老大是第二名就觉得不爽。

老大平时乐于助人，经常给同学讲题，还从家乡带哈尔滨红肠给大家吃，人缘挺好。我们都为他的遭遇感到遗憾。不过，也有个别幸灾乐祸的家伙在背后嚼舌头：“平时成绩好有啥用呀？最后掉链子，连个烂校都去不了。”“别看他以前一副很牛的样子，我早就猜到他不行了。”

【学生陈琳婕：鄙视落井下石的家伙！】

老大之前一帆风顺，现在却接连遭受巨大的打击，犹如从云端突然坠落一般，简直可以大喊一声：“谁能比我惨？”他在这巨大的失落中，痛苦地度过了大学最后的时光。

天下无不散之筵席，终于到了毕业各奔东西的时候。散伙宴上，大家齐声高呼生命科学学院的口号“生科不败，千秋万代”，动情地唱着校歌《燕园情》：

> 红楼飞雪，一时英杰，先哲曾书写，爱国进步民主科学。
> 忆昔长别，阳关千叠，狂歌曾竞夜，收拾山河待百年约。
> 我们来自江南塞北，情系着城镇乡野；

我们走向海角天涯，指点着三山五岳。

我们今天东风桃李，用青春完成作业；

我们明天巨木成林，让中华震惊世界。

燕园情，千千结，问少年心事，

眼底未名水，胸中黄河月。

【注：“燕园”为北大校园，“未名”为北大未名湖】

这是北大人最为熟悉的旋律。4年前我们哼着它开学，现在我们又唱着它毕业。许多同学眼里含着泪光，边唱边喝，直至大醉，手舞足蹈。

老大平时很少喝酒，这一天却喝了好几瓶，醉得不轻，脸色泛红，走路歪歪扭扭的。不过他并不是一个人默默地躲在角落里喝闷酒，而是到处搂着兄弟们的肩膀，从牙缝中挤出一些含含糊糊的知心话，感谢大家多年来的关照，追忆那些快乐的时光。他跟我说的居然是：“业涛，谢谢你教我打星际。”我听得很纳闷，心想：“你别误会，哥从来就没有教过你打星际呀，我只是很单纯地在虐你而已，真的不用谢。”

老大要重新申请，至少得在国内多待一年。有些人遇到这种情况，会回家准备申请材料，可以过得比较舒服。老大为了尽可能增加申请的成功率，选择留在北京，一边准备申请材料，一边备战由麻省理工学院主办的iGEM（国际基因工程机器大赛）。这是一项影响力很大的赛事，全球各大名校都会有学生参加，如果获得名次，将极大地有利于申请奖学金。

北京的房租太贵，他只好租了一个用木板隔出来的简陋小单间。这个屋子原本是三房两厅，被二房东隔成了6个单间，住了将近20人，既拥挤又吵闹，连上厕所都要排队。看见老大如此落魄，我很难过，鼓励他："老大，你有超强的执行力，是我本科四年最佩服的男生。相信你肯定能拿回那些原本就属于你的东西。""那是，必须的。我认真起来连我自己都怕。"老大笑了笑，坚定地说。

渴望实现自我救赎的老大，希望能在iGEM中证明自己。这不仅是科研比赛，更是创业比赛，是一条布满荆棘的道路。大军未动，粮草先行，首先要解决经费和设备的问题。老大只是一个穷学生，不可能自掏腰包，需要得到教授的支持。但这并不容易，实验室资源是有限的，大多数教授都不会愿意帮助他。

不料，老大只花了不到3天的时间，就轻松地解决了这个难题。他给100多名教授发了邮件，争取他们的支持，真可谓是"广撒网"。虽然只有5名教授对此表示感兴趣，但是也足够了。

有钱有设备，老大俨然成了小老板，顿时觉得底气十足，开始组建团队。iGEM 是一个特别有趣的比赛，为了制造出新奇的基因工程机器，参赛团队不仅需要生物人才，还需要具有计算机、物理和化学等专长的队员。

如何才能招揽其他专业的同学呢？老大在北大未名 BBS 上发了召集队友的帖子《北大 iGEM 战队成立，组团力争国际大奖》，其中介绍了国际基因工程机器大赛的内容，还风趣地写道："诚招物理战士、生物牧师、计算机盗贼和化学法师等队友，共赴麻省理工打 boss 夺宝。"

为了将帖子顶成十大热门话题，达到最好的宣传效果，老大煞费苦心。他一方面让我们帮他顶帖，另一方面要求想报名参赛的同学也要回帖。而且他发帖的时机也选得恰到好处，正是周末晚上人气最旺的时候。如此一来，他的帖子很快便成了轰动全校的热门话题，300 多名来自各专业的同学都强烈希望加入他的团队，老大的邮箱差点儿被简历挤爆。

老大挑选队员时，有一个非常奇怪的倾向。他特别愿意招那些跟他一样申请出国受挫、处于逆境的人，哪怕这些人的简历看起来并不是非常强。我一开始以为这是因为同病相怜，他却有自己一套独特的见解："态度比能力重要。大多数人只是觉得新奇，想来凑热闹。可是参加 iGEM 的准备过程很长，会面临无数的艰难险阻。我们团队需要的不是随便玩玩儿的人，

而是玩命的人。越是受挫的人，越能玩命。”

老大的话让我想起了生物界中普遍存在的补偿现象，这是生物对逆境的反应。例如植物遇到干旱时，根会变长变密；视觉受损的动物，听觉会变得更敏锐。世界很残酷，无论动物或植物，在生长过程中，难免会遇到不利的条件。但凡留存至今的物种，没有弱者，都有一套强大的补偿机制，甚至会超量补偿，生长得比遇到逆境之前还要好。

老大组建了一个 5 人团队。一般的学生团队往往会出现只顾嬉笑打闹、不务正业的情况。这个团队的成员们却是干练又内敛，没啥废话，冷峻的表情下，蕴藏着最深的痛苦与最执着的信念。他们对胜利的饥渴远超常人，不需要任何动员。也许，这就是传说中的哀兵吧。

如果想在 iGEM 大赛中有出彩的表现，必须要有一个创意十足的基因工程机器。所谓基因工程机器，主要是指被基因工程改造而成的新型细菌。为了最大限度地激发团队的灵感，研发出最特别的新型细菌，老大采用了“头脑风暴”的讨论方式。一般的讨论会，讨论者不太敢发表特立独行的见解，容易屈从权威或多数人的意见，形成所谓的“群体思维”，这会削弱群体的创新能力。而在进行“头脑风暴”时，任何人都不能批评和嘲笑他人的点子，哪怕这个想法特别荒诞和古怪。这样可以营造一种轻松自由的氛围，调动大家的积极性，让所有人拓展思路，畅所欲言。

老大介绍完“头脑风暴”的规则后，鼓励队员们尽情发挥，欢迎各种奇思妙想，还规定“话最少的队员要请所有人吃饭”。大家顿时争先恐后发言：“我想到了一个好主意。”“我先说！”“我也有一个好点子。”

“让我先说吧。”一位生物专业的女生抢先说道，“世界上有一半的人会得肿瘤，三分之一的人死于癌症。我们应该利用基因工程，研发可以识别和杀伤肿瘤细胞的细菌。”

“这个工作意义很大。”大家纷纷点头称赞。

一位物理专业的男生紧接着提出：“目前发现的行星，普遍环境极端恶劣，不适合生物存活。而微生物恰恰是所有生物中生命力最强的。所以我们应该创造出一种能够在外星生存的细菌，未来也许能被送到火星上繁衍、进化，最终甚至会出现高等生物，或者改变火星的空气、土壤等条件，使之利于人类生存。”

这哥们的提议引起了全场热烈讨论。计算机专业的同学当即响应：“这个想法太有意思了！我可以编程，在电脑上模拟运算，得出详细的进化时间表，并预测这些生命活动对火星环境的影响。”

“那以后不用再费老大劲儿找啥外星人了，咱们就是现成的外星人它祖宗!”老大兴奋地说道。

然后是一位化学专业的男生进行发言:“现在提倡低碳环保，减弱温室效应。而甲烷其实也对全球变暖有很大影响。仅仅是地球上的牛，每年就能通过放屁释放上亿吨的甲烷，这对于全球变暖的作用，并不逊色于汽车。甲烷的产生与肠道消化有关，所以咱们可以用基因工程改造大肠杆菌，减少甲烷的产生量。”

好记性不如烂笔头，老大边听边记。无论是怎样的奇怪点子,他都会把它认真写下来。这正是“头脑风暴”的精髓之一。所有成员都很投入，老大足足收集了30个奇思妙想。

该选其中的哪一个呢? 综合考虑创新性和实验难度等因素，经过一番更热烈的讨论后，“生物计算机”的想法脱颖而出。这个非常酷的想法是由计算机专业同学提出来的。电子计算机的芯片是用硅做的，而这种生物计算机是由大肠杆菌组成。它可以令大肠杆菌像计算机一样被人类所操控，未来有望应用于把药物精准地投放到人体内需要的地方。

有了好的想法还远远不够，关键还得看是否能将其实现。研发过程非常漫长，充满了重复而又艰辛的劳动，有时候一个看似简单的步骤，也会令人经历几十次失败。许多iGEM团队一开始很热闹，后来无法战胜研发中的困难，不断有人离开，甚至起内讧散伙。

老大的队友们却是始终坚守阵地，不动如山。“酸甜苦辣皆为营养”，这些哀兵们都已从过去的痛苦中获取了强大的力量，并没有被眼前的难关所吓倒。他们知道，奋斗的身累和悔恨的心痛相比，根本不算什么。他们从不抱怨困难，无论多么累的活都会毫不犹豫地干。有时候，为了复制扩增一个 DNA 片段，要先后尝试几十种不同的条件。

经历半年的实验之后，他们终于研发出了生物计算机。原本以为在完成之时，全队要大肆庆祝，疯狂吃喝玩乐一番。可是真到了这时候，大家却纷纷表示：“困死了，我现在只想睡觉。”“老子终于有时间理发了，现在头发乱得跟野人一样。”“我今天再不陪女朋友，她就要我跪主板了。”

iGEM 比赛在麻省理工学院的克雷斯吉大礼堂进行，往返美国的机票太贵，住宿费也不便宜，经费已经快花完了，只够一个人去。

在这半年的准备过程中，大家都无数次地憧憬着能去克雷斯吉大礼堂，那是所有选手们心中的圣地。现实却很残酷，只有一个人能圆梦。“队长，这最后的重任就拜托你了。”“帮我们把奖杯带回来。”“帮我买最新款的 iPhone。”队员们纷纷推

举老大前往麻省理工。老大却不忍心抛下队友。“一个都不能少。”他坚定地说道。

老大疯狂地寻求支持，四处奔波，不放过任何一丝获得赞助的机会。许智宏校长得知此事后，当即同意拨款，支持北大 iGEM 团队。再加上一名队员从美国大陆航空公司拉到赞助，总算彻底解决了经费问题。

本次大赛汇集了来自牛津、剑桥和麻省理工等世界名校的精英。63 支参赛队伍中不乏强队，带来了具有清除核污染、发电和检查身体等功能的基因工程机器。当看到“清除核污染的卫士”和“微生物发电机”时，观众们已经很兴奋了，不时爆发出阵阵惊叹与掌声。剑桥代表队的参赛项目“体检医生”则更是引爆全场。这种细菌进入肠胃后，能根据人体的情况，表达不同的色素，最后形成具有绿色、蓝色、紫色等色彩的粪便。人们只要看一眼粪便颜色，就能对自己的身体状况有个基本了解。例如绿色代表癌症，蓝色代表寄生虫，紫色代表霍乱等。

这些强队的项目虽然都是本科生作品，但已远远超出许多博士论文的水平。而且他们结合作品的内容，制作了歌曲、吉祥物和动画等宣传物，使得观众们非常兴奋，“哇”的惊叹声一浪高过一浪。

轮到老大上场展示作品的时候，队员们都为他捏了把汗。台下有 2000 多名观众，台上还有曾获诺贝尔奖的评委，前面的队伍又是如此完美，现在上台的压力可想而知。

在这最接近梦想的一刻，谁都难免会紧张，老大也不例外。他一开始自我介绍时，有些怯场，磕磕巴巴的。“这家伙在说哪国语言？”“完全听不懂。”“怎么派了一个结巴上场？”观众们交头接耳，议论纷纷，许多人索性玩起了手机。评委们也是连连摇头。

老大看见台下观众交头接耳，心中更觉不妙，“糟糕，莫非这回要丢脸丢到全世界”。想到这，他额头上冷汗直流。“完蛋了……”“这回要输了。”队员们的心急得都快蹦出来了。

好在老大做事向来准备周全。他估计到自己面对这个大场面，可能会紧张，所以在前一晚已想好了应对措施。如果遇到紧张怯场的情况，就笑一笑，告诉自己“我是最棒的！我要征服全场”。

老大不仅想到这个方法，而且事先在心中演练了很多次，所以危急关头自然而然地就用了出来。他深吸了口气，脸上露出了灿烂的笑容，顿时变回了那个充满自信、霸气十足的老大，流利的英语脱口而出，还能在演讲中掺杂着笑话，把观众们逗乐。“生物计算机”的出现，更是使得全场的热烈气氛到达

顶点。这个作品新颖独到，有着广阔的前景，而且在细节上无懈可击，令人震撼。“太酷了！”观众们情不自禁地感慨道。这支来自中国的队伍并不出名，也不起眼，没想到实力如此强劲，实在是让大家出乎意料。

老大觉得这回有望拿个前十名的好名次，不料最终公布结果时，北大 iGEM 团队竟然获得全球总冠军！全队成员都毫无心理准备，激动得跳了起来，毕竟这不仅是北京大学，也是中国第一次派队伍参加 iGEM 大赛。面对来自全球的众多顶尖团队，还能在毫无经验的情况下夺冠，堪称奇迹。许多选手纷纷前来祝贺他们：“生物计算机太棒了！”“你们才几个人就做出了我们 20 个人都做不出的东西。”这些参加比赛的选手，比一般的观众更能体会到做出生物计算机的不易，也格外佩服这匹来自中国的黑马。

老大他们终于捧起了沉甸甸的总冠军奖杯，享受着来自全场的掌声与欢呼，在 iGEM 大赛历史中，写下了属于中国人的一页。“生物计算机”也被收录为 iGEM 大赛的标准模块，供以后的参赛队伍进行学习和改进。队员们激动之余，反复将老大抛向空中。“啊！不要，不要！”老大发出阵阵惨呼。他高考时是全省第二，大学时是全年级第二，这回终于拿了第一，还是世界第一。

2 我在北大遇到的奇人——“九命猫”徐薇薇

徐薇薇是我读博期间同一个实验室的师姐，个子瘦小，戴着一副镜片很厚的黑框眼镜，有些弱不禁风。她不是那种特别会说话、八面玲珑的人，而是很老实，属于呆萌型的女孩。

有一次，一位院士来我们实验室开座谈会时，提出一个问题：“你们知道什么叫不破不立吗？”不破不立是“不破除旧的，就不能建立新的”的意思。徐薇薇却积极地抢答道：“我知道，小时候听村里的老人说过，不破不立是鸡蛋不被打破就立不起来的意思。”同学们顿时笑喷了，连原本很严肃的院士也乐坏了。

人怎么能倒霉到这种地步呢

徐薇薇师姐读博期间诸事不顺，吃了很多苦。我们的导师治学极严，对学生要求很高。师姐做实验进度比较慢，多次被当众训得狗血淋头，却从来不哭。很多女生看不下去，都私下给她传授经验："女孩子要懂得哭，你应该像我们一样哭出来。导师一心软，肯定就不会再骂了，反而会安慰你。以后也不会骂那么狠。"但是师姐下次被训时，还是强忍着不落泪。她如此倔强，难免会被骂得更惨。

许多人不理解她的行为，我却很佩服她。师姐待人谦和，一点傲气都没有，但是始终有一颗高傲的心，有着绝不摇尾乞怜的倔强和坚持。无傲气而有傲骨，这才是北大学生应有的姿态。

然而上天却似乎并未同情徐师姐。她年纪轻轻就得了肿瘤，简直是晴天霹雳。幸亏不是恶性的，经过一番大折腾，总算治好了。都说大难不死，必有后福。但是没过多久，她的腰椎又出了问题，时常突发剧痛，动不了。有时打喷嚏用力过猛，就难以行动；有时弯下腰捡东西，再想把腰直起来却很困难，要保持这种怪异又尴尬的姿势被人送到医院。

有一天早上，徐师姐刚想起床，但腰很疼，怎么都动不了。她费了好大劲伸手拿到手机后，赶忙打电话让我们帮忙把她送到医院。我和另一位师兄叫来了 120 救护车，然后一起用担架把她从宿舍楼抬出来，搬到车上。看着担架上难以动弹的师姐，又想到她之前的种种遭遇，我心里不禁在想，人怎么能倒霉到这种地步呢？真是太惨了。

或许忘了如何努力，但还记得怎样坚持

一般人遇到徐薇薇的悲惨遭遇，恐怕早就退学了，但她是一个善于坚持的人。徐薇薇曾跟我说过："我或许忘了如何努力，但还记得怎样坚持。"

博士毕业有严格的论文要求，本来就不容易。因为身体不好，她没能发表论文按时毕业，不得不延期。延期毕业是很难受的事情，我们院甚至有一些延期两三年以上的博士生，这可是一段很痛苦的经历。延期半年后，徐薇薇也曾想过放弃，尝试着去考药监局的公务员，结果还真考上了。这个职位极其热门，是很多人梦寐以求的好工作。但是徐薇薇还是不甘心放弃博士学位，不愿转成硕士毕业走人。

大家都很难理解徐薇薇的决定。我们实验室是全国管理最严的实验室之一，博士生本来可以有许多假期，但是我们实验室要求每天工作 14 个小时，无周末，没有暑假、寒假，每年只在春节放 7 天假。一位号称清华最"狠"的教授曾来我们实验室举办讲座，他说道："我对学生的管理特别严，周末只放半天假，寒暑假都只放两周。"教授原本以为他的话会把我们吓坏，谁知道大家都强忍着笑容在心中暗想："您是来卖萌的吗？就这还好意思说严，简直是班门弄斧。"

全院公认我们实验室最忙。有位本院的研究生曾经抱怨过做科研的艰辛，他在网上发帖说道：

> 做科研真是比搬砖还惨。有一天，我晚上 11 点去做细胞分选实验，结果细胞分选仪那里还有人在用。好不容易等到凌晨 1 点我才开始做，当时已经困死了，眼睛都睁不开。没做多久，就有两个女生过来问我：“你要做到几点？”我告诉她们：“起码还要两个小时。”我以为太晚了她们不会等，谁知道她们居然告诉我：“做完以后别关机器，我们 3 点还会过来。”我问她们是哪个实验室的，果然是 CBG 的学生。

CBG 就是我们导师姓名拼音的缩写，全院学生没人不知道我们实验室很累人。徐薇薇已经身心俱疲，为什么有当公务员的机会都不离开呢？也许她是个做事必须有始有终的人，既然选择了读博，就一定要读完。

科研工作很困难，经常失败受挫，很容易造成拖延症。为了远离拖延症，徐薇薇每天都会制订计划，并给自己的时间利用效率打分。比如一天可用的工作时间是 14 小时，实际工作了 12 小时，12 ÷ 14=0.86，时间利用分就是 86 分。她会在一个台历上用表情符号记录每天的分数和评语。如 80 分以上为优“^_^”，60分以上为中，60分以下为差“-_-b”。每到周末和月底，她还会算一次平均分。

徐薇薇告诉我，这是她在中学时代用过的方法。打分可以给她一个直观的数字激励，当取得了“优”的成绩，会感觉到开心。当学累的时候，会因为想拿到这个“优”而继续努力学习。高中三年，她使用这个方法，时间利用分平均为79分，最终考上了北大。现在她希望用同样的方法战胜延期毕业的难关。

在旁人看来，已经年近30的徐师姐会遇到更大的挑战，情况越发不容乐观。她像其他很多女博士一样，面临成为大龄剩女的危险。师姐是个不引人注目的普通人，这么多年一直单身，也没听说过有人追她。

很多女博士都是白天愁论文，晚上愁嫁人。她们背负着巨大的压力，不管多么善良乐观的人，有时都难免会情绪失控，因一点点小事而大发雷霆或是痛哭流涕。有些抗压能力弱的人，甚至会发展成为冷酷无情、脾气暴躁的“灭绝师太”，经常找别人当出气筒。徐师姐面临的压力并不比别人小，但她总是很好地将其转化为动力，并没有失态的举动，总是乐呵呵的。

3 我在北大遇到的奇人——“赢家”李昆

正在徐薇薇为争取毕业而奋斗的时候，她本科时的师弟李昆，从美国麦肯锡公司总部调到上海分公司担任高管。李昆是一个传奇人物，一直很努力、很优秀，高考考上北大生命科学学院，本科毕业后拿到丰厚的全额奖学金去哈佛读博士。博士毕业后又进入了全球最著名的管理咨询公司麦肯锡，年纪轻轻就已经年收入几百万元了。

他很少有时间去商场买衣服，有一天看中一款 8000 元的白衬衫，觉得还不错，就一下子买了 10 件（这是师姐亲眼所见后告诉我的，土豪的世界我实在不懂）。李昆不仅有本事，而且身高一米八二，很俊朗，有股精英范。本实验室见过他的女生都说，李昆长得比我们实验室所有的男生都帅。

李昆比徐薇薇低一级，因为都是河北老乡，所以本科的时候通过同乡聚会而相识，这么多年来虽然隔着太平洋，但是断断续续也有联系。这种优秀到近乎完美的男人岂是一般的“高富帅”所能比，简直是前途无量的“钻石王老五”，必然会吸引很多年轻靓丽的“白富美”前来追逐。

可是这么多年来他却一直单身，回国工作后，他开始一心一意对徐薇薇展开了热烈的追求。虽然上海离北京很远，咨询公司的工作非常忙，但是他总是抽空给徐薇薇打电话，而且想方设法到北京出差，不管多忙，也要挤出时间来见她。

这让我们这些俗人觉得挺诧异的，徐薇薇虽不是“土肥圆”，但也不是“白富美”，就是一个普通人。虽然学历不错，是北大的，但是在北大的同学看来，这根本没什么可稀罕的，不会是李昆追求她的主要原因。北大校园里，满街都是北大学生。李昆凭其优秀，娶一位各方面都很出色的北大校花也挺容易的。而且像麦肯锡这样的大咨询公司，极其看重学历，员工基本都是来自名校。要是李昆只在意学历，直接在咨询公司的圈子里找就好了。但是这么多年，他却坚决认定了徐薇薇，如同候鸟认定了归巢。

也许就是因为李昆啥都不缺，所以不容易被外在的条件所诱惑，反而更重视内在的性格和品质。抑或是喜欢一个人，本就可以不需要什么理由的。

李昆对徐薇薇的执着令人惊讶和感动。不过更奇怪的事情还在后头。我们都以为师姐会满怀欣喜地接受他，可是她对待李昆的追求不冷不热的。李昆给她买了很多名贵的衣服和皮包。师姐虽然每次都会收下他的礼物，但是始终不表明态度。看来师姐对感情十分理智，并没有被幸福冲昏头脑，而是觉得李昆太优秀，怕这事不靠谱。说到这里就要忍不住吐槽一下师姐，

你不表态又收了他那么多奢侈品，这样不大好吧。

徐薇薇的犹豫却激起了李昆更大的热情。

他竭尽所能地关心徐薇薇，带她看名医，让她接受最好的治疗，而且还千方百计逗她开心。比如有时会唱她最爱听的情歌，录下来送给她，令她很惊喜。徐薇薇如此喜欢这份礼物，倒是让我有些诧异。因为上天是公平的，李昆其他方面堪称完美，却有着一副令人退避三舍的歌喉。

他希望与徐薇薇的朋友搞好关系，曾经请我们去 KTV 唱歌。李昆虽然唱得不咋地，却充满自信，非常爱唱，简直是一个麦霸。他尤其喜欢唱《最初的梦想》和《在路上》。“如果梦想不曾坠落悬崖千钧一发，又怎会晓得执着的人有隐形翅膀。”在唱这些励志歌曲时，他饱含热泪，特别动情。不过在我们看来，他其实不算是在唱歌，基本是在吼歌。用“五音不全”已经不能形容他的歌声了，真是白瞎了这么好的音响。我们纷纷在心里吐槽：“哥们儿，你敢唱准一个音调吗？”“别人唱歌要钱，你唱歌要命呀！”“你不唱歌我们还能做朋友。”

我们学院大楼门口长年驻扎着一只很可爱的流浪猫，号称“楼猫”。徐薇薇特别喜欢这只楼猫，经常喂它香肠，跟它“对掌”。每到这时，身手矫捷的楼猫就会把徐薇薇拍得“抱头鼠窜”。同学们纷纷调侃她：“你还能更丢人一点吗？”“鱼丸弱旅。”“这是你正常实力的发挥。”

李昆看见徐薇薇如此喜爱这只楼猫，便试图将它抓到徐薇薇的房间里。楼猫跟李昆可不熟，见李昆要抓它，估计以为他是要抓它去做烤串的黑心小贩。“愚蠢的人类，让你知道我们喵星人的厉害。”楼猫狠狠地在李昆的手上挠了几道血痕，扬长而去。李昆只能无奈地去打狂犬疫苗。虽然抓猫的想法和过程都很蠢，但是徐薇薇还是感受到了李昆满满的诚意。

经过一年多的真心追求，师姐终于接受了他。他们感情一直很好，最终结婚了。在此期间徐薇薇还发表了论文，拿到了博士学位。

徐薇薇师姐现在过得非常幸福，身体完全康复了，婚姻很美满，而且在全球最大的生物制药企业辉瑞公司担任部门经理。去年看到她的时候，她不再是呆萌状，而是成了一个精明能干的职场女强人，衣着优雅，举止大方。回想起她曾经的遭遇，

不禁让我感叹，人生大起大落，实在是太刺激了！

而对于李昆，实验室的一位前辈师兄是这么评价他的：“他执行力极强，充满霸气，是一个想做就一定要做到的人生赢家。想上北大，就一定考上北大；想读哈佛，就一定拿到哈佛全奖；想去麦肯锡，就一定去成麦肯锡；喜欢徐薇薇，就一定跟她在一起。”

李昆曾经受邀作为成功学长给本院学生开过一个讲座。在讲座上，他与我们分享了自己的一些心得体会，其中关于做事的技巧让我印象特别深，这也许是他能心想事成的重要原因。

他说：“有些人把人生当成游戏，但实际上人生比游戏难多了。游戏有无数次试错机会，可以反复玩很多次，不断从失败中发现问题，找到解决方法。如此一来，再难的游戏也不难。而人生的每一天都不会重来，许多事情都只有一次机会。Failure is not an option（失败不是可选项），为了尽可能地把事做成，我们需要在做事之前，想到可能会遇到的主要问题和应对措施，并且将应对措施在心中演练很多次。这对于学习、科研和工作都非常重要。例如在学习时，有时会感到心烦，这时候很容易就会去上网或者打游戏，不但浪费时间，而且让人变懒，更无心学习。我们在制订学习计划时，应当考虑到这个问题的存在，并且找到解决方法，比如可以在觉得心烦时，进行锻炼或者看有正能量的书，这些有益身心的休闲能改善学习状态。我们可以事先将这些解决方法在心中演练多次，想象自己在遇到这个问题时是如何将其解决，这样就能有备无患。”

“凡人”身上无奇妙?

1 难道美好的事物只能被他人拥有吗?

人生在世，难免会有许多欲望，这是人之常情。年轻人正是充满潜力和无限可能的时候，有谁不想在自己的人生中，能够拥有好学历、好工作、好房、好车、好伴侣，获得良好的认同感呢？有谁不渴望实现自己的理想和价值呢？又有谁甘心，美好的事物只能被他人拥有呢?

虽然每个人的起点不同，但是大家都有潜力，没有人一生下来就注定一辈子要比别人过得差。只要不违反法律和道德，不损害身心健康，我们都应争取有所作为，去追求美好的事物。也许不一定能成功，也许有一天会屈服和认输，但是那绝对不应是在今天，不应发生在我们年轻的时候，精力最旺盛、斗志最昂扬的时候。只有拼搏过，到夕阳垂暮时，白发苍苍的我们回首人生，才不会遗憾和悔恨。

在中学阶段，良好的成绩与考上名校是学生最直接和最现实的追求。考入知名高校，除了可以获得荣誉外，还可以得到更好的教育与校友资源，对未来的事业与生活很有帮助。2013年，《羊城晚报》曾刊登了一则名为《招聘会现场：看校择人》的报道。

虽然此前广东省教育厅已明确要求禁止企业发布针对学校的就业歧视信息，然而自招聘会举行以来，记者注意到几乎每场招聘会上，都有企业在招聘公告中列出“211”“985”高校等限定条件。“深入骨子里”的就业歧视，或明或暗，并非禁令所能阻止。

2日的招聘会现场，深圳某媒体摊位前大排长龙。因为禁令，该企业虽然没有直接列出“211”“985”高校等限定条件，但是对待不同学校毕业生的态度截然不同，连续两名广州大学的毕业生被拒。“她说我们学校不在招聘范围内，说只招重点大学的毕业生。”一名女生无奈地说，她顶着烈日，排队半个多小时应聘了第一家企业，迎来的却是一盆凉水。同样遭遇的还有来自肇庆学院的小江，他

一早从肇庆乘车赶来参加招聘会，第一家就选择应聘该媒体，却没想到吃了闭门羹。

而就在同一摊位，一名来自兰州大学的毕业生，提交简历后，面试官简单翻看了一下，问了学生想应聘的岗位，就直接签发了笔试通知。

对于自己的遭遇，小江颇感郁闷："我宁可企业明确写出来不招普通高校的毕业生，这样免得我们浪费时间。"

不可否认，重点大学高质量毕业生的比例更高一点，但这并不代表重点大学所有毕业生都很优秀。同样，非重点大学也有不少优秀的毕业生。只是因为用人单位对学历的歧视，这些优秀人才连面试的机会都没有。

用人单位看重学历，还有一个潜在的原因，就是企业领导觉得招名校毕业生有面子，能够提升企业的形象。

不单是本科生就业会遭遇针对学校的歧视，“两会”期间，全国政协委员、河北师范大学副校长王长华痛批学历歧视愈演愈烈，求职应聘时，企业对学历“查三代”，一些名校博士因为本科不是“211”“985”重点高校出身，照样会被“一刀切”拒之门外。

清华博士陈达，中学时不够勤奋，没考上重点大学。后来他发愤图强，通过 7 年的不断努力，成为清华博士。但由于用人单位“本科非‘985’‘211’高校不予考虑”，陈达求职时屡屡受挫，往往连第一道简历关都过不了，求职 7 个月没有结果。这一现象引起全国各大媒体的广泛关注。

陈达毕竟是清华博士，最后还是找到了工作。不过在求职中所遭受的歧视与坎坷，难免会让他后悔没有更早努力。所以，同学们应该尽早确立目标，为之努力奋斗。什么时候努力都不晚，但是每晚一分钟努力都要付出代价。代价有时是如此惨痛，令人难以承受。

在制定学习目标时，要注意长难短易。长期目标可以定得难些，因为“求其上者得其中”，一个人如果朝北大、清华努力，即使最后没考上，也往往能去一所不错的名校。而如果目标是一本，最后往往只能去二本。

短期目标则要尽量定得容易。很多人有了考上北大、清华等名校的大目标以后，在制订每天的学习计划时，会订得特别难，以至于挫伤学习积极性，觉得自己没天分，心灰意冷。这是最常见的一条失败之路。其实不关天分的事，我们都生活在现实社会中，又不是身处于神奇的动漫世界，怎么可能突然一下子把内裤外穿，变身超人。胸怀大志是好事，但是不可急于求成。一个初学跳高的人，无论多么渴望破世界纪录，也不能一下子就从世界纪录的高度开始练起呀！

切记不要追求瞬间大跨越，只要每天进步一点点即可。在一个个很容易得到的小成就中，逐渐积累成功的喜悦与自信，从而慢慢不断变强，最终清华、北大也并非不可能。

考上好大学是非常值得追求的目标。结果固然重要，但是更大的收获来自为了考上名校而奋斗的过程。它培养了一个人热爱事业的态度和认真做事的能力。这种态度和能力可以用来做很多事，比学到的知识更有用，比名校的录取通知书更珍贵。

2 智商普通、自制力极差的我也能考上北大

有些同学觉得自己缺乏天分，考不上名校。

我认为，要想在数理化竞赛中获奖，需要较高的智商。但是想在中学成绩好，考上清华、北大或是其他名校，只需要正常的智商。大多数人都有这个潜力，只是不够努力罢了。以我自己为例，我的同学都知道，我不算聪明的人，笑我笨的人比夸我聪明的人多。在没有找到高效的学习方法前，我无论投入多少学习时间，都进不了班级前十名。

我小学和初中时参加了很多次数学竞赛，没有获得过任何奖项。高中时参加了数学、物理和化学竞赛，也是全军覆没。我虽然平时物理成绩很好，可是参加物理竞赛时，觉得自己就像个白痴。题目实在太难了，100 分的考试，我得分不超过 10 分。

大一时，我们中学同学举行过同学聚会。同学们很好奇地问我："在北大学生物专业难吗？对智商有要求吗？"我告诉他们："学生物主要是记忆书本上的内容和学习做实验，依靠的不是聪明而是努力。"他们听完我说的话，就满脸坏笑，拍着我的肩膀说："这下我们就放心了，如果只是靠努力的话，你肯定行的。"

有些同学或许看到这里会产生疑问："智商普通，靠努力真的能取得好成绩，考上名校吗？好多人都在争分夺秒努力学，成绩也很一般呀。"

其实，以大多数人努力程度之低、学习方法之差来看，根

本轮不到拼智商。我说的努力，不是指抓紧每一分钟学习，而是抓紧学习的每一分钟。这是浙江省理科状元陆文等学习高手们总结出来的共同体会。

这就像两个人上山砍柴，砍了很长时间。其间，他们的刀都钝了，一个人停下来，把刀磨得很锋利，效率很高，砍了很多柴；另一个人不愿意磨刀，越砍越钝，只砍到很少的柴。这两个人都花了很多力气，不愿意磨刀的那个人，砍柴花的时间和力气还更多，到底哪个人更努力呢？答案是显而易见的，磨刀不误砍柴工，强烈地想要把事情做成的人，主动思考如何提高效率，才算是努力。不愿动脑、不愿改变的人，光做出一副积极的样子，一味低效干活，只是懒得很隐蔽罢了。

大家也许会嘲笑那个不愿意磨刀的人，觉得世界上怎么会有那么蠢的人？但是看出别人的问题容易，发现自己的错误难。大多数人在学习时，也或多或少地存在这种看似努力，实际上懒得很隐蔽的情况。比如许多人花了大量时间做题，但是他们不喜欢在做题之前看课本复习，只想直接做题，导致做题的时候速度又慢，错得又多。许多人看书看了很长时间，但是就是不愿意合上书本，稍微回想和总结一下自己刚才学到的内容，导致学习的时候费眼而没动脑，效果很差。这些方法不得当的低效行为，不就很像是光砍柴不磨刀吗？

还有很多人记笔记非常积极和认真，而且把做错的题目都抄到错题本上。这本来挺好的，但然后呢？就没有然后了。只抄不看，或是认认真真抄一个学期，随随便便看一次，这又有什么意义呢？简直像是好不容易砍完柴以后，就把柴毫不在意地扔掉。我简直想说："哥们儿，你是来演戏的吧？"

中学期间，学习氛围有所增强，很多人都积极学习，想考个好学校。但是往往方法不得当，效率很低。看似在学习，实际上没学到什么东西，只是在欺骗别人和安慰自己罢了。有些人意识到这个问题，会努力寻求改进方法，提高效率。有些人却只会怨天尤人，抱怨应试教育如何如何不好，埋怨这个世界如何如何不公平，就是不责怪自己不够努力。

我说的努力，强调的是效率而不是时间。年级第一的学生比起排名中等的学生，其实多学不了很多时间。每个人一天都是 24 小时，他又不是不用吃饭睡觉的超人。但是同样 1 个小时，学习效率的差别比大家想的差距大很多，能差好几倍。高效学习是要讲究方法的，我在中学时，经常打篮球，学习时间比别人多不了多少，但是很喜欢琢磨怎样学习，效率才能更高。我一方面自己总结，一方面向班上的同学们学习，同时还买了很多学习方法书，最终掌握了几种学习方法，大大提高了学习效率和学习成绩。

我不但不算聪明，而且自制力特别差。我只要有电脑和电视在身边，就难以认真学习。初二时，我热衷于玩游戏，为了打游戏不花钱，便反复劝说父母在我们学校旁边开个游戏厅。如果别人家的孩子跟爹妈说这种话，估计要被揍哭了。但是父母很宠我，加上当时他们想在工作之余投资一个生意，就同意了我的建议。结果我每天放学头一件事就是去游戏厅，玩得昏天黑地。店员都认识我，不但不收钱，还对我很客气，同学们都羡慕得很。

沉迷游戏是要付出代价的。我的成绩大幅下滑，期末成绩掉到班上第 47 名。爸妈见状连忙把这个游戏厅亏本卖了，真是赔了夫人又折兵。我初三努力学习，进步很大，但是中考前几周，我又因贪玩，沉迷于网络与游戏，导致中考时考得不好，差点就去不成重点班。

我缺乏自控能力，不仅体现在贪玩，还表现为好吃。一旦屋子里有我喜欢的零食，我就忍不住要一口气把它吃完。如果不把零食吃完，我总会在心里惦记它，哪怕是一斤糖果，我也绝不让它过夜。暴饮暴食自然会导致体重失控，我的体重一度达到 189 斤。

所以我多年以来一直都在琢磨如何提高自制力和执行力。只有这样才能获得自己想要的东西，不至于稀里糊涂地混日子，虚度一生。久病成良医，我尝试了无数种方法，其中“皮蛋必胜法”和“充电式休闲”等方法很有效，帮助我变得努力，考上了北大；还让我更有自制力，在半年内，体重从 189 斤减到 147 斤。我在本书中会详细介绍这些方法。

内功心法篇：和气

把学习当成玩，学习能比玩还有意思；把学习当成折磨，学习也不会逊色于任何酷刑。给学习一点阳光心态，我们能收获极大的灿烂辉煌。

第一招　皮蛋必胜法

1　何为皮蛋必胜法？

世界上最恶心的食物是什么？美国有线电视新闻网（CNN）在 2011 年选出全球最恶心的几种食物，其中有“生吃树虫”和“油炸大蜘蛛”。但这些都不是第一名，冠军被中国人喜欢吃的皮蛋夺得。西方人觉得皮蛋外形怪异，像是魔鬼生的蛋，味道也很吓人。把皮蛋推选为“最恶心食物”的美国人霍瓦达表示：“太恐怖了，吃起来就像一颗变坏了的蛋。”据悉，皮蛋在美国许多超市都有出售，但敢尝试的只有亚洲人。

中国人看到这则新闻，难免要嘲笑老外不识货。为什么西方人不爱吃皮蛋呢？关键在于先入为主的偏见。西方人很

少接触皮蛋，一看皮蛋就觉得像是变质的蛋，认为会很难吃，自然不愿意吃。即使硬着头皮吃一口，也不会觉得好吃。因为他们在吃之前已经有严重的排斥心理，再好吃的东西也会觉得很别扭。而中国人经常看见周围的人喜欢吃皮蛋，自然就不会歧视皮蛋。

人们很容易产生先入为主的偏见，而且这些误解绝不仅仅存在于对食物的看法。大多数学生对学习就存在很严重的偏见和排斥，如果一想到要学习就觉得厌烦，后续的学习过程必然会成为一种折磨，这样怎么可能学得好。绝大多数家长为了鼓励孩子学习，都喜欢说一句话："先苦后甜。"本意是好的，但在我看来，这其实会暗示孩子，学习是一件很苦的事。不但不能促进孩子好好学习，反而会起到反效果，让孩子更加厌学。

学习又何尝不是一个皮蛋，虽然看上去不是很吸引人，但是只要你不先入为主地带着强烈的偏见，就能体会到其独特的魅力。实际上每一所学校总会有一些人能够爱上学习，乐在其中。

为什么很多人会对学习产生偏见，还没学习就感觉厌烦呢？这要从一个反映人性的哲理小故事说起。

一群小孩每天聚集在一个老头家的院子外面，朝老头家的墙上扔石头。老头每次气冲冲地出来撵他们，他们都笑着跑了。这群熊孩子以此为乐，且乐此不疲，这老头怎么威胁咒骂都没用。

最后老头想了个办法。有一天，他没生气，而是慢慢走出去，小孩一看很奇怪，就没跑。老头说：“我来和你们商量件事，我现在很喜欢你们朝我家的墙上扔石头。这样吧，以后你们每天来扔，我每天付你们 1 块钱。”熊孩子们高兴得不得了，每天来扔，然后拿钱走人。

过了几天，老头愁眉苦脸地说：“最近手头紧，每次 5 毛吧。”小孩们有些不情愿，但想想还是答应了。

又过了几天，老头说：“对不起，以后我只能付得起 1 毛了，你们扔 1 天我付 1 毛。”小孩们面面相觑，最后小孩中的老大很不满地说：“只给 1 毛钱我们才懒得扔。”

然后这群熊孩子再也没来扔过石头……

一开始不赚钱都很愿意做的事情，收了钱后反而觉得是个负担，钱少就不愿意做。这是人性中很有意思的一个特点。

人们往往有一个思维定式：有所得必有所失。既然赚到钱令人高兴，那赚钱的过程一定是难受的。既然取得好成绩是快乐的，那学习的过程一定是痛苦的。同样的道理，既然旅游和打游戏并没有带给我们报酬，大家就本能地觉得这是享受的事情，还没开始做已经有很强的愉悦感。其实旅游和打游戏往往并没有我们事前设想的那么有趣。

实际上，有所得未必有所失。如果我们在学习之前对学习没有偏见，我们有可能在学习过程中感受到快乐，并且学得很好，能够进一步体会到取得好成绩的愉悦。反之，如果在学习之前有了消极的想法，那么我们的学习过程一定比预想的还要煎熬，成绩也不会好。这与其说是有所得必有所失，不如说是胜者全得，败者全失。

2 学习是我的爱好

我曾对学习的快乐深有体会。学习对于我完全不是负担，而是爱好。

在高一寒假的时候，中央电视台来我们学校拍足球题材的青春偶像剧《绿茵小子》。我想在体验生活之余顺便挣点零花钱，就报名当了群众演员，扮演主角的同学和队友。

这是一段挺好玩的经历，可以尝试拍戏的感觉，还可以与明星合影、要签名。当然也有辛苦的时候，导演十分认真，许多片段要拍很多遍，我们就要在球场上反复跑来跑去。有个镜头是要集体嘲笑主角，但是我们这些跑龙套的人都没学过表演，演技太生硬，拍了无数次，大家笑到脸都快抽筋了才总算搞定。

好在拍摄是有间隙的，同学们都累坏了，就赶紧趁机打扑克放松一下。他们也叫我打，我却从包里拿出了一本单词书，开始背单词。同学们看我在这个时候居然还能背单词，都惊呆了，纷纷“谴责”我：“吴业涛，你还有人性吗？这个时候还能背单词。”“学习仔，放我们这些凡人一条生路吧。”“好不容易有个假期，应该放松一下嘛。在寒假里背单词是‘犯法’的

你知道不?”

其实我一点都不觉得学习是件苦差事，他们打扑克是为了放松，我背单词也是为了放松。我认为，每个人都有求知欲，多学点东西应该是件令人高兴的事情。

我平时不熬夜，学习时间不比别人多，但是我会抓紧寒暑假和黄金周的时间学习。高中三年，我没有一天是完全不学习的，即使是在生病的时候，我无法集中精力做新的题，也会复习自己做错的题。

我考上北大以后，总有亲朋好友会问我：“你考上北大，高中的时候一定学得很辛苦吧。”这时我会跟他们说：“我觉得学习是一件快乐的事情，如果认为学习苦，就很难考好。”高考结束后，我又是旅游又是玩游戏的，狂玩了一个月。刚开始觉得有意思，后面就觉得少了点什么，还没以前学习的时候开心，甚至在做梦的时候都会以为高中还没结束，我还要很紧张兴奋地学习和考试。梦醒后发现高考已经结束，我呆坐在床边，心中会产生一些不舍和失落。于是，我开始自学大学英语，边学边玩，生活又变得充实愉快起来。

我爱学习，享受学习的过程，所以才能想出许多学习方法，并且乐于尝试。因为有爱，所以用心。别人的学习习惯，我经常只要看一眼，就能模仿。这也是我学习方法的重要来源。

但凡爱学习、认为学习过程很快乐的人，我还没见过成绩不好的。在我见过的众多高手中，学霸“三万”是最热爱学习的人之一。

3 我在北大遇到的奇人——“三万”姜遥光

“三万”是我本科同班同学姜遥光的绰号。她是一位颇具传奇色彩的美女学霸。为什么熟悉姜遥光的人都叫她“三万”呢？因为她在高中时，单词量就已经达到了30000个。我第一次听到这个说法时，根本不信。因为我花了很多时间背单词，单词量才只有几千。一个中学生有上万的单词量已经很厉害了，如果有30000的单词量，简直是强到逆天，我一辈子都赶不上呀。大多数老外和英语专业博士的单词量都没有这么大。

姜遥光很快就用强劲的实力证明自己并非浪得虚名。她的托福成绩接近满分；总成绩1600分的GRE考试，她得了1560分。这是美国研究生英语入学考试，难度比托福大很多，姜遥光的GRE分数比绝大多数美国学生都高，为亚洲学生GRE考试成绩第一名。因为成绩优异，她还获得了新东方英语培训学校的重奖，拿到的奖金比学费多很多。我们年级的同学纷纷感慨道：“别人去新东方学英语是花钱，‘三万’到新东方学英语是赚钱。”

姜遥光不仅英语好，在北京四中学习期间成绩也一贯优异，期中、期末考试多次名列年级第一，并曾荣获北京市化学竞赛一等奖、生物竞赛二等奖。取得北大生命科学学院的保送资格后，她依然努力学习，在高考时考出696分的高分，为北京市高考理科第三名。在强手如林的北大，她始终能保持年级前十。

前面也提到，姜遥光不仅是学霸，而且是美女学霸。她皮肤雪白，瓜子脸，眼睛很大，在中学时就有“四中校花”的美名。

大一刚开学，我们每个入学的新生都要拍照办学生证。有个男生想办法搞到了大家的照片，发在校内网上，供大家“选美”。这件事一时间引起了轰动，各路男生激动不已，纷纷前来围观，对女生们的照片评头论足一番，经常可以看见整个寝室的男生都围在一个电脑前，对照片进行热烈讨论。北大当年入学的本科新生里有将近2000名女生，姜遥光被评为其中的十大美女之一。其实她的真人远比照片更有魅力，因为她腹有诗书气自华，散发出一种高贵典雅的气质美。

姜遥光不仅漂亮，穿衣也很时尚。我们几乎每次上课时都能看见她穿上不同的好看衣服，非常吸引眼球。有时候像是端庄的空姐，有时像是夜店的辣妹，有时又像是欧洲舞会的名媛，成为课堂上一道亮丽的风景。坐在我身旁的哥们目不转睛地看着她，疑惑地说："姜遥光到底有多少衣服？每次上课都看见她穿不同的漂亮衣服，简直就是时装表演，还让不让人好好学习了？"

同学们对她的评价是，姜遥光不仅学习好，而且长得漂亮、身材好、人品好、家世好。当然，光这样还不足以成为我眼中的传奇学霸。姜遥光兴趣广泛，爱好写作，文章优美而又不失深刻，曾以一篇名作《我的路》赢得了全国各地的众多粉丝。她的粉丝们自称"浆米"，给她建了一个百度贴吧。经常可以看见有粉丝在贴吧发帖，想了解她的信息或买她的照片。她的粉丝们还会在贴吧里祝福她。例如：

"今天是姜遥光生日，对本贴吧来说，绝对是一件头等大事。"

"我即将步入南开的校门，对我影响最大的人就是你了。在我最低落的 3 年，是读着你的文章重整旗鼓。我喜欢你，也希望你幸福！"

"有你在，灯亮着，我们不在黑暗中。每当我在学习上遇到挫折时，总喜欢反复读你的文章。愿你有一个快乐幸福的人生！"

还有些爱慕者会在贴吧里发帖宣示主权："她是我的，你们都别跟我抢。"

我们看见身边的同学居然在网上成为偶像，觉得挺好玩的。有的同学还会到这个贴吧里发帖调侃：“出售姜遥光同学实验报告、组会报告、春游照片若干。”“下回看见她要几份签名来这里倒卖吧，呵呵。”

在《我的路》中，姜遥光讲述了自己对于学习的爱，给万千读者带来了启发。不仅是学生，许多老师也深受感染，专门召开了主题班会让同学们学习这篇文章。河南省济源一中的李立峰老师看过这篇文章后，感慨道：“读了姜遥光同学的《我的路》，我颇为震撼。她让我坚信：不仅仅是学习，在任何领域里，能成为其中的佼佼者，必有其成为佼佼者的理由。”

下面就让我们一起欣赏这篇奇文的精彩片段。

我的路

姜遥光

我并未自诩为一个成功者，所以没有什么经验可言。我不过是普普通通的人，一个成长着并思考着的人。我想在此处与你分享的，只是一纸属于自己的经历。

对学习，简言之，要爱。要怀抱着一种真挚的、谦恭的敬爱去接受所学的知识，并试图理解它们的美妙。一个没有爱的人可以把每一门课都学得不错，但绝不可能做到最出色、最优异。而且更主要的是，他每天在做自己不喜欢做的事，他不幸福。

每一门课程中都有值得品味的乐趣，但大多数时候你只是任它们与自己擦肩而过。数学和物理有精简的定义、严谨的论证、巧妙的思维，还有许多完美的规则与真理。在正方体上做出一个正六边形的截面，这对我而言就是种享受。不为什么，它对称，因而完美。用动量定理和机械能守恒两种截然不同的方法得出同一个问题的答案，这亦是享受。不为什么，它们从两个角度勾勒，让我看清了真理的轮廓。

化学和生物则充满奇异的现象，美妙的传说，神秘的物质，还有许多关于生命的思索。将硫酸铜天蓝色的结晶体托在手心，你难道不会小心翼翼吗？宛如赏玩着一件精美易碎的艺术品。在显微镜下追踪到一只草履虫的影子，你难道不会兴高采烈吗？宛如邂逅了造物主的一个奇迹。

谈到语文，《滕王阁序》飞扬华丽的辞藻，《过秦论》气势磅礴的论证，理应会将愚钝的人感动。再说英语，那美妙就隐藏在一个小小的连词、一句地道的俚语，甚至就是一条抽象的语法规则里。

你学得愈多，便悟得愈透；悟得愈透，便爱得愈深，

直深到不能自拔。因为用了心，所以动了情。

这里存在着几个误区——

首先，“为了谁谁谁而学习”这种想法是错误的。它会将你搞得精神紧张，逼你承受巨大的心理压力。当你转过身避开尘世的喧嚣，在书本中寻找一份宁静与纯洁之时，你不是为了父母，不是为了老师，也不是为了那定夺你前途命运的赌注——高考，而仅仅，仅仅是为了你自己。因为唯有这样你才快乐。

其次，“学习仅仅是一种手段”这种想法是错误的。“现在学的这些东西以后都是用不着”的这种想法是错误的。学习，仅仅是学习的本身，就是一个美好神圣的目的。不学习你要做什么？不学习，你的灵魂要到何处寻找它的归宿？人是为了提高自己的修养、升华自己的思想而学习的，别和我谈什么大学什么工作什么优越的物质生活，现在学习的这些知识都会作用于你的身心，在潜移默化中改变你的生存状态。

再次，“学习是一件孤独清苦的工作”这种想法是错误的。记得“非典”时期，所有高三学生放假在家。这期间我接了许多电话，千篇一律地抱怨着自己的寂寞与烦躁、学不下去了、高考改到什么时候了、别人都在不在学习。

我不想回答这些问题。学习是你自己的事情，和别人有什么关系，和高考什么时候考又有什么关系？此刻所谓的与世隔绝、小小的暂时的寂寞，不正是读书人梦寐以求的超然境界吗。

当然，我在此有将学习绝对化和神圣化的倾向。我承认，它不是生命的唯一，但真正的生命无时无刻不在渴求着学习。

李立峰老师也专门用一节班会的时间和学生们一起学习这篇《我的路》，他在班会中说道：

为什么有的歌，我们唱上两遍就记住了歌词？因为我们喜欢它。

为什么有时候，我们连续打整整一下午的篮球也丝毫不觉得累？因为我们喜欢它。

为什么有的小说，我们废寝忘食也要将它一口气读完？因为我们喜欢它。

我们总在抱怨学习的枯燥无味，抱怨应试教育的弊端，殊不知这其实正是我们学习效率低下，学习压力巨大的最根本原因，也是我们向更高迈进需要跨越的第一道坎。

秘笈：北大奇人怪招 ☆☆☆☆☆

既然我们改变不了现实，就要改变心态。既然是我们每天都要面对的东西，为什么我们不去发现它的美妙之处，并尝试着去爱它呢？

幸福而快乐地学习，这是我们追求的目标。

我以前一直以为姜遥光主要是依靠自己的天赋取得好成绩。当我看到她对各个学科的乐趣如数家珍，不禁被她对学习的挚爱所感动，对她的文章深表认同。一个人只要对学习怀有喜爱之情，学习过程本身就可以成为一件愉快的事。学习效率怎么能不高？想考不好都很难。果然是“学得愈多，便悟得愈透；悟得愈透，便爱得愈深，直深到不能自拔。因为用了心，所以动了情”。

我智商普通，自制力又差，之所以考上北大，是因为学习方法得当。而在我看来，学习方法最关键的一点就是要爱上学习。爱上学习的人，必然会取得好成绩。我将学习比作好吃不好看的皮蛋，所以这个让人爱上学习的方法就称为“皮蛋必胜法”。

“皮蛋必胜法”分为学习时和非学习时两个部分。在学习时，可以选择采用的“皮蛋必胜法”的策略有三种：量化、先易、表现。

4 皮蛋必胜法之量化

游戏是怎么使人上瘾的呢？我初二时沉迷游戏，曾经玩过一款叫《金庸群侠传》的武侠类游戏，前期等级太低，经常无法过关。我发现一个叫欧阳克的角色可以被反复攻击，给的玩家经验很多，升级很快。于是我就反复打这个角色。花了两个多小时打了他 100 多次，让我升了很多级。后来回想起来，这 100 多次重复攻击毫无技术含量，极端无聊，我却能坚持下来，主动像着了魔一样干这件枯燥的事。这是为什么呢？

【网友兵长最高：打了 100 多次？】

【网友王小锤：他一定欠了你很多钱。】

【网友若风巫师：杀父之仇不过如此。】

关键在于数字的激励。我每一次打完欧阳克，游戏画面中都立刻会出现一串数字，告诉我增加了多少经验值，这就是对玩家的奖赏。而这种本来毫无意义的虚拟奖赏，却能让人觉得自己在做事，而且有了积累和收获，让人很快乐。

数字的激励

仔细想一想，难道存在没有用数字激励玩家的游戏吗？

从《植物大战僵尸》到《神庙逃亡》，从《魔兽世界》到《英雄联盟》，所有游戏都是这样的，这正是游戏让人欲罢不能的关键所在。而且游戏为了让人上瘾，它的激励来得特别快。比如很多游戏里，玩家每打倒一个小兵，屏幕都会冒出数字提示你赚了多少钱。还有很多游戏让玩家一边奔跑，一边可以收集大量金币，看着分数在不断地上升，感觉非常好。

沉迷游戏的人，并不是不努力，而是把努力用于追逐游戏中的数字激励了。实际上，数字的激励可以被用在许多积极向上的事情中。

例如可以用于运动。我一开始练习投篮时，容易觉得没意思，练了一会儿就不想练了。于是后来我每次练习投篮时，都要数一数今天自己一共投进了多少球，这个数字的不断上升能让我体会到练投篮的乐趣。跑步也是一样的道理，统计自己跑了多远会提高我们跑步的热情。

近年来,美国和欧洲国家等正在兴起一场“量化自身”运动。比如说利用智能手机和电子运动手环，可以测量一个人花了多长时间、跑了多长的路，消耗了多少热量，在网上分享这个运动成绩还可以知道自己在这个地区的排名。耐克公司推出了内部含有芯片的篮球鞋 Hyperdunk+，会记录你在打球时的每个动作，并同步上传到手机，让你准确获知自己跳跃多高、反应多迅速。你可以与自己过去的表现进行对比，也可以将数据上传到网上与朋友们比较。

通过量化自身，我们可以将现实生活数字化、游戏化，从而让我们更直观地感受到收获和进步，更容易获得乐趣。

我们当然也可以用同样的方法使学习变得更快乐。初三或高中，许多同学都会比以前努力，一个重要的原因就是老师提高了考试的频率，每次考试都会有分数，有时还有排名。这样的话，努力的同学，能够比较快地看到自己的进步，从而感到快乐，这样又会更努力学习，获得更好的成绩，感受到更大的快乐，形成一种通往成功的良性循环。这种快乐比起玩游戏上瘾的快乐只强不弱。因为玩游戏只是一时爽，之后要面对学业的压力，感觉到内疚和痛苦；但是学习的快乐是充实和持久的。

不过，游戏通常是几分钟就能给我们一个数字奖励，从复习准备考试到最后知道考试的分数，则至少需要好几天。我们的学习过程，要是也能像游戏一样可以快速量化就好了。这样的话，我们每付出一点努力，每获得一点收获，自己都能够很清晰地看到，学习就会变得更加有趣。

“星号法”

“星号法”是我根据量化激励的原则想出的方法，我在中学时成功采用它对自己的学习进行快速量化和激励。

“星号法”特别简单，就是每看一次题目或书以后，在旁边画个五角星符号作为标记。具体符号可以根据个人喜好而定，我的一些学生喜好画三角形符号。

做错的题需要复习，课本需要复习，背的单词需要复习，大家都知道复习的好处。但是很多人比起复习旧知识，更喜欢学习新知识。这是因为他们觉得学习新知识容易让人感觉有收获，复习旧知识不容易让人有成就感。如果采用“星号法”，每进行一次复习，就多标一个星号，就能起到类似于游戏中数字和升级的激励作用，让自己更容易获得成就感。

而且，多次复习并非像有些人所以为的那样，是个无趣的过程。它可以给我们带来很多快乐。什么时候我们会觉得学习是一件快乐的事呢？当我们觉得有收获和成就感的时候，学习是快乐的；当我们觉得简单轻松时，学习是快乐的。反之，如果我们觉得太困难，没有收获，那就很难体会到学习的乐趣。复习旧知识比学习新知识轻松。特别是多次复习时，原来很难的题目，自己不会做或是勉强做对的题目，现在也变得很简单；很多原来不是很清楚的知识点，多次复习后得以融会贯通，会让人产生很强的自信与愉悦感。

这就是我初三时，3 个月从班上第 47 名进步到第 6 名的关键。我之前将题目做错以后，看一下答案，弄懂就算了，后续不怎么复习错题。这是非常低效的做法，问题很大。同样的题目，过一阵有可能又错，简直白学了，非常打击学习的积极性。

我在初三的时候，并没有做大量的题目，而是将自己做错的题目全都复习 3 遍以上。除了错题以外，勉强做对，也就是做题时没有把握而是需要看完答案才确信自己做对的题目，我也全都进行标记，之后也是要复习 3 遍以上。在参考书和卷子上，经常可以看见我在很多题目旁，标了 5 个星号。为什么会有 5 个星号呢？因为做错题或是有疑问时，就标一个星号，搞清楚了就标第二个星号，后续每复习一遍就多画一个星号，至少复习 3 遍，所以至少是 5 颗星。边学习边画星号是个很爽的举动，而且能看见自己对于知识的掌握情况，有利于进行有针对性的高效复习。

通过多次复习错题，达到滚瓜烂熟的程度，我能做到不但绝对不再错这一道题，而且绝对不再错这一类题，保证学习是十分踏实有收获的。多次复习以后，一次次画着星号，越复习越熟练，我把知识掌握得很牢，学习极有成效，产生了很强的兴奋感和幸福感。这感觉甚至强烈到让我心跳加速，体温略微升高，比打球和玩游戏爽多了。学得这么开心，效率必然比被动学习的人高很多倍，想不考高分都很难。

如果只复习一遍错题的话，遇到一模一样的题可能不会错，但是不够熟练，遇到类似的题有可能还是会错。每次考试结束以后，一看答案，总有人会感叹："这么简单，明明都会做，怎么当时没想到？"或者是说："要是再给我几分钟，我肯定能把那道题做完。"这些情况说到底还是不熟练。考试时间有限而且人容易紧张，不但要求我们了解知识点，更关键的是要达到烂熟于心的程度。要想考得好，我们不但要懂做，而且要特别快速准确地将题目做出来。

我们宁可少做些题，也务必要将错题和没把握的题多看几遍，这其实花不了我们多少时间，效果却会特别好。"星号法"挺简单的，比把错题记在错题本上方便许多。我将它告诉我的学生们后，有些学生像我一样看了 3 遍错题，在短时间取得了很大的进步。

复习课本和笔记也是同样的道理，课本是命制试题的根本，怎么重视都不为过。有一次，北大一位文科状元跟高中生座谈时，有同学问："你为什么学得那么好？"文科状元说："把书看10遍。"其实，大多数人把书看10遍都能当状元，但是一般人做不到。笔记里也有许多有用的知识点，不过很多人都不乐意复习课本和笔记，因为看见自己做了很多题，会感觉很踏实，复习课本和笔记，则不容易感觉到成就感。所以我们也可以使用"星号法"，当我们一遍遍在课本和笔记上增加星号的时候，能很直观地让我们感觉到自己在逐渐熟练，可以增加成就感。

当我看到一本好书时，我会有把它看很多遍的愿望，这样的确会加深印象，大有收获。但是这个愿望常常只是愿望。因为不用考试，再好的课外书也不容易看很多遍。应用"星号法"，可以很好地解决这个问题，促使我们把书多看几遍。本书双数页都印有虚线星号，同学们在每一次阅读时可以用笔描一个星。我相信每多读这本书一遍，都能提高各位读者的成绩。

念　经

我还曾经用量化激励的原则帮助自己"念经"。在高中时，我为了强化信念和磨炼意志，尝试过"念经"，就是写出一段鼓励自己的话，然后连续念1000遍。我当时写的是"勿以恶小而为之，勿以善小而不为。惟贤惟德，能服于人。我，吴业涛要尽全力获得年级第一。我心永往，水木清华。”

我发现这段口诀太长，念完1000遍要将近5个小时，于是就分成两次，每次500遍。但这还是很难，因为反复念同一段话几百遍是特别枯燥乏味的事情。我刚念半小时就觉得非常无聊，快崩溃了。怎么办呢？我开始留意放在面前的表，准确统计出自己每念100遍口诀所要花费的时间，不断挑战自己的最快纪录，如此一来，这个“念经”的过程就比原来有意思多了。最终，我成功地将这段口诀念了1000遍。

【学生董丽：我以前折过1000个幸运星，每个幸运星里面都写着北大。】

我采用写“正”字的方式统计念的次数，每念一遍就写一笔，每念5遍，就写出一个“正”字，最终写出了200个“正”字。我写完第200个“正”字时，心里还是蛮有成就感的。父亲看见我写了那么多“正”字，觉得很奇怪，便问我：“阿涛，你写那么多‘正’字干吗？要练字应该写‘永’字呀。”我只是笑而不语，并没有告诉他原因。这种奇怪的事，我现在怕是干不出来了。但一想到它，我就会很感谢当年那位痴狂念着口诀的少年，那是我最喜欢的自己。

我念了 1000 遍“我心永往，水木清华”，最终却没去清华，倒也是一件遗憾的事。其实我的分数上清华是绰绰有余的。高考成绩刚出来没多久，清华的招生老师就打电话来我家，希望我报清华。我一心只想学生物专业，可是当年生物专业的热门程度丝毫不逊色于经济和金融。清华的招生老师告诉我，高考成绩排名在我之前的人已经把清华生物专业报完了，我只能选其他专业。但是我铁了心非生物专业不报，于是就去了北大学生物。

后来我才知道，高中生把理工科都当成一回事，所以学理科的都想去清华。但实际上，理科主要培养科研人员，工科更侧重培养工程师，二者差别很大。在 20 世纪 50 年代的院系大调整中，清华吃了北大的工科，北大吞了清华的理科和文科，所以清华工科强，北大理科强，来北大学生物倒也算是歪打正着。我提到念经这件事，只是想说明一下量化激励的确有效，能把最无聊的事情变得有趣，用在本来就可以有意思的学习过程中，自然更是没问题。至于念经到底有没有用？我也不知道。我好不容易念完以后，觉得太累，就直接去看电视了。单纯念口诀，效果难免有限。我后来找到了强化信念的更好方法——“心中演练法”，在本书后续章节中会有详细介绍。

5 皮蛋必胜法之先易

我曾经作为院队中锋参加过北大篮球甲级联赛。当时我们队中的三分射手是李斌，李斌的身高只有一米七五，又缺乏突破能力，所以无法在三分线内得到较好的投篮机会。好在他练就一手投三分球的绝活，成为我们队的主要得分手之一。

我们经常一起练球。我发现他练习投篮的时候很有意思。作为一个三分射手，李斌并不是直接在三分线练习投三分球，而是从离篮筐最近的地方开始练投篮，一点点慢慢地由近到远，最后再到三分线进行大量练习。我当时觉得挺纳闷的，李斌这样做难道不是在浪费时间吗？根据战术安排，他在进攻时一直都是站在三分线外等着接我们的传球，他根本没有近距离投篮的机会。而且他可是一个神投手，还用得着从离篮筐最近的地方开始练起吗？那个地方连我这种投篮很一般的人都懒得练。

我把自己的疑问告诉李斌，他说这是因为要“找感觉”。站在离篮筐越近的地方，就越容易把球投进。一开始就练习最难投的三分球，如果投不进，容易影响心情。先练习容易的投篮方式，让自己享受百发百中的乐趣。然后再逐渐加大难度，到了投三分球的时候，就会充满信心，取得更好的练习效果。

听了他的这番解释，我想起了我以前练习三分球的经历。我看漫画《灌篮高手》时，很喜欢湘北队的三分手三井寿，也曾因此练过一段时间的三分球，不过总是坚持不下来。三分球是很难练的，一开始练习时经常十投一中。屡投不中的感觉很糟糕，简直是一种折磨，所以难以坚持。如果像李斌这样，先易后难，让自己先体会到一次次把球投入篮筐中的乐趣，会更容易练好三分球。

学习又何尝不是如此呢？我的其他科目都多次拿过班级第一，但是一直到高三上学期，数学成绩还很糟糕，只有 110 分左右。为了提高数学成绩，我曾经有一阵专门做一本《题典》。这本习题册名副其实，跟词典一样厚，而且都是各种很难的题目。我做这本习题册时总是受挫，越做越没有信心，越做越不喜欢数学。而且辛辛苦苦做了那么多题，数学成绩不但没有上

升，反而还出现了下滑！为什么总是学不好数学？是不是因为自己太笨？都说勤能补拙，怎么我现在越补越拙？我陷入了深深的绝望。

后来我改变了策略，先做容易的题。于是我把数学课本的所有例题和练习题都认真做完了，越做越有自信，享受到解题的乐趣。我还没有开始做更难的题时，数学成绩就已经明显上升了。再加上之后采用的绝招“放火烧数学”，我总算考出135分以上的分数了。

在学习我擅长的科目物理时，我也采取了类似的策略。老师发的习题册比较难。在预习物理课时，如果看完书后直接做老师发的习题册，经常会遇到很多题不懂，让我受打击。做题应该让自己觉得爽，比较难的习题册，适合达到精通的程度以后再做，一开始时应该做些更简单的。于是我去书店买了4种物理习题书，但并没有全都做，而只是经过尝试后找到其中最简单的一本。这样，我每次预习完物理后，都会做这本最简单的习题书，从中体会到作为物理高手的乐趣。

【网友鲶鱼怪：拳打南山敬老院，脚踢北海幼儿园！】

不仅是做题，在制定目标的时候，也要注意先从容易的目标做起。比如设置高效利用时间的目标时，不要设置每一天都要实现时间利用效率在80%以上。如此设置目标，太难实现。但凡有状态起伏，这个目标就破产了，会让人产生挫败感，进而不利于后续的学习。可以设置更容易实现的均值目标，即每月平均时间利用效率在80%以上。如果这个月有几天状态不佳，可以通过其他时间的优秀表现弥补这几天的欠缺，不至于完不成目标。

均值目标因为可以被补救，所以更容易实现。例如平均每天写一篇日记比每天写一篇日记容易得多。我曾经多次想养成每天写日记的习惯，虽然知道这是很好的习惯，但总是坚持不了几天。因为学习很忙，很容易由于这样那样的原因，使得某天没有写日记。一旦出现这种情况，我就会感觉到养成这个习惯的努力失败了，很快就放弃了。后来，我定了一个规矩，某一天或者几天没写日记没关系，只要补上就好，这样我的日记本里每一天的记录都是完整的，我感觉到了成就感，很容易就养成了写日记的习惯。我最近4年来一直都在写日记，每天平均花10分钟左右。

6 皮蛋必胜法之表现

我上初三的时候，有一次在学习时突发奇想：大家普遍觉得学习是一件苦差事。我以前也是这么认为的，有时在学习过

程中会愁眉苦脸，很不高兴。如果我默念学习是一件快乐的事，在学习时经常笑，表现出一副很开心的样子，会怎样呢？

我觉得这个想法挺有意思，就试了一试，发现效果居然还不错。笑着学习，心情真的会好些，学习效率也会有所提高。

但是我妈看见我一边学习一边笑，被吓得不轻。她觉得学习很苦，怎么会有人边学边笑，难道儿子发神经了？她赶紧过来关心我。我告诉她，学习可以很快乐，不一定非要觉得是什么先苦后甜之类的。她这才放宽了心。

我后来在大学选修心理学相关课程时，才知道自己当时在无意间居然运用了现代心理学之父威廉·詹姆斯的理论。牛顿告诉我们，力的作用是相互的。比如用一只拳头打另外一只拳头，两只手都会觉得疼。而心理学家认为，情绪和表情也可以相互作用。在日常生活中，我们往往只意识到情绪的变化会让表情发生变化，比如高兴引起大笑，忧虑导致皱眉。风靡全球的《正能量》一书提到，威廉·詹姆斯观察到表情可以反作用于情绪，比如大笑会让人更容易高兴，皱眉会让人更容易忧虑。我们可以通过改变表情影响情绪。

《正能量》中有这样一段陈述："19世纪末，俄国著名的戏剧导演康斯坦丁·斯坦尼斯拉夫斯基创造了'体验式表演'法，震撼了整个戏剧界。这一方法的重点在于，通过让演员控制自己的行为，继而在舞台上感受到真实的情绪。"这种方法广受欢迎，被包括马龙·白兰度在内的众多著名表演艺术家采用。

现代科学技术的发展，使得科学家们可以通过对大脑的扫描，判断人们的情绪。几年前，科学家们测试了威廉·詹姆斯的理论。他们对实验参与者进行大脑扫描，同时让他们做出不同的表情。通过对大脑活动的观察，研究人员发现，表情的确能够直接影响人的情绪。

我们可以将这个理论运用在学习过程中。既然我们一定要学，就笑着学。

我们不仅可以在学习中经常笑，如果是在考试中遇到困难，很紧张时，也可以通过做出笑的表情来减少压力，更好地发挥我们的实力。

需要强调的是，我所说的笑，不是指在脸上挤出一个仓促、转瞬即逝的微笑，太微弱的表情难以影响情绪。真正管用的是大笑。为了避免打扰别人，我们可以不用出声，但是需要将嘴咧开，尽可能地做出大笑的表情，而且要保持至少10 秒钟。

大家都知道情绪产生表情，品质影响行为。但威廉·詹姆斯发现，不仅表情可以反作用于人的情绪，行为也可以反作用于人的品质。他建议道："如果你想要拥有某一种品质，那就表现得你仿佛已经拥有它一样。"这被称为"表现原理"。如果我们想要变成好学的人，那就先表现得很好学，做出一些爱好学习的行为，比如积极与同学们讨论学习相关的事情，主动向老师提问题等。一开始这也许只是行为，但是久而久之，行为养成习惯，习惯产生性格，我们就会成为好学乐学之人。

表现原理与量子力学

我在大二的时候曾经运用"表现原理"，成功地渡过了学习量子力学的难关。量子力学非常难学，素有"量子力学量力学"之称。这是一个令人感到迷茫、痛苦，甚至会想通过揍人来发泄一通的学科。为了让读者们直观地感受一下量子力学的难度，我在这里写一个量子力学的等式：

$$\langle \Psi_n^{(0)} | \hat{x}^2 | \Psi_n^{(0)} \rangle = \frac{1}{\alpha^2}\left(\sqrt{\frac{n}{2}}\langle \Psi_{n-1}^{(0)} \big| + \sqrt{\frac{n+1}{2}}\langle \Psi_{n+1}^{(0)} \big| \right)\left(\sqrt{\frac{n}{2}}\big| \Psi_{n-1}^{(0)} \rangle + \sqrt{\frac{n+1}{2}}\big| \Psi_{n+1}^{(0)} \rangle\right)$$

这种乱七八糟的式子，像是法师的咒语，又像是道士的符文。别说高中生看不懂，我也是完全不明白。因为我们学生物专业的人，在大学里学的是很简单的C级高等数学，数学基础很差，学习量子力学时非常吃力，经常连数学符号都不明白，更别说理解公式和运算过程了。上课完全听不懂，而且连课本也很难看明白。大家普遍抱怨学校安排课程不合理，学得非常郁闷。逃课的人很多，物理老师要求上课前要签到。有些人干脆带了个充气小枕头来听课，睡得很香，口水都流出来了。

就在众人怨声载道、苦不堪言的时候，有几位高手却是如鱼得水一般，不但在听课时一直盯着老师，频频点头，而且还经常向老师提出一些很高深的问题，讨论得很热烈。他们有的曾经在物理竞赛中获奖，有的在暑假自学了A级高等数学，学量子力学时并不费劲。他们提问时，我们连这些问题的意思都听不懂，只得在心中暗暗叫苦：“大牛们别再问了，大家都知道你们牛。”“如果让老师以为我们都跟你们一样厉害就完蛋了，考试出题的时候非把我们虐死不可。”“英雄，给条活路行不行？”

物理老师感到特别惊喜，在回答问题的时候说道：“原来还怕你们生物专业的学生听不懂，没想到数学基础那么好。北大的学生真是太厉害了，看来考试时可以出几道难一点的题。”

台下顿时一片惨叫。厉害？老师您没看见大多数人都在打瞌睡吗？我们根本就听不懂，还说要出难一点的题，这还让不让人活了！大家被这些“惹事”的高手气得咬牙切齿，恨不得把他们吊起来打。

不管我们多么绝望和无奈，都要准备考试。面对这如同天书一般的课本，我仿佛已经看见一出悲剧将要上演。

我们有充足的理由抱怨学校安排课程不合理，但这一点用也没有。应该怎么办呢？只能调整心态尽力而为了。大多数人都面临与我相同的困境，相对而言，物理在中学时还算是我最喜欢的学科。尽管量子力学和中学物理一点关系都没有，看起来更像是数学，但我还是回想起了以前学物理的愉快时光，不停地告诉自己，我是个物理高手，我很爱学物理，只要量子力学还被归为物理，我就一定能搞定它。

我买了数学学院的A级高数教材。虽然课程繁忙，我根本没时间把它弄懂，但还是尽量能看多少算多少。在上物理课的时候，我不再躲在后排睡觉，而是主动坐到第一排。平时在北大上课要想坐在前三排是很困难的事情，往往要早起贴条占座。我为了在很多课上占个好位置还特意组织了一个“占座联盟”。不过上量子力学的课，前三排就没几个人，位置空得很，我可以随意挑选座位。

尽管我很难听懂老师讲的内容，但还是努力表现出一副积极听课的样子，渐渐也学到了一些知识，偶尔也能问老师几道很简单的问题。愿意坐在前排的人太少，我每次都坐在第一排认真听课，给老师留下了非常好的印象，他回答我的问题时很热情。

期末考试前，老师说主要考课本上的例题。这已经是量子力学的最低难度了，不过对于我们还是太难。我虽然全力地学习，但是因为暑假没有提前预习，只能看懂课本的一小部分，大部分内容对于我来说还是火星文。要考的科目很多，只有 3 天的时间可以用来复习量子力学。想要把这些例题弄懂是不可能了，迫不得已，我只能靠死记硬背解决问题。这是特别痛苦无聊的过程。以前背课文虽然篇幅长，毕竟是有意义有头绪的内容。我从来就没有试过要背这么长又完全不理解的内容。

我在心里反复对自己说，只要是物理，我就喜欢。尽管这个理由有些牵强，这种想法还是让我好受了很多。我笑着面对如同符咒一般的量子力学公式，像临摹画一样耐心地临摹复杂的例题，经过反复多次的演练，考试时总算能够照搬上去。

期末成绩出来前，我认为自己应该能及格，没想到最后 100 分的满分得了 90 分。原来，不及格的人实在太多，老师最后采取了将成绩开根号以后乘以 10 的计分方式。这样只要

36 分就能及格，我原来的分数是 81 分，现在变成了 90 分。

大二的物理课并没有让我掌握量子力学，却是一次战胜难关的体验。人在面对挑战时，可以表现得厌烦和抱怨，也可以告诉自己保持一种乐观和喜欢的态度，这会产生完全不同的结果。

不只是学习

网球运动员“奶牛”费德勒拥有获得 20 次大满贯男子单打冠军的纪录，众多评论家和运动员都认为他是史上最伟大的网球选手之一。一些和费德勒同时期的选手常常感叹道：“我们要做的，就是勇敢地杀入决赛，然后输给一个叫罗杰·费德勒的人。”

为何费德勒能够如此成功？也许我们能从他的一句话中找到答案。费德勒曾说：“我是世界上最爱网球的那个人。”好一个情深意切的表白。正是因为他对网球的挚爱，他才能付出超越常人的努力，获得巨大的成就。

日本的稻盛和夫先生白手起家，创立两家世界 500 强企业，被誉为“经营之圣”。他曾经强调：“只有热爱自己的工作，并能从中得到无尽乐趣的人才能成功。”而且“爱上自己的工作，所产生的领悟是极大的。因为，在每一件事的背后都隐藏着主宰一切的真理”。这也许正是俗话说的“一通百通”。

许多赚大钱的人，都把事业看得比命还重要，并不是只想着赚钱。他们疯狂地热爱着事业，事业本身就能给他们带来极大的成就感，钱只是他们把事业做好后的附赠品而已。把事做好以后，钱和享受自会到来，他们就可以得到精神和物质的双重满足，正所谓“花若盛开，蝴蝶自来”。

一谈到对事业的热爱，我就会想起我的师弟陆一丁，我们都亲切地叫他“丁丁”。

7 我在北大遇到的奇人——“丁丁”陆一丁

丁丁祖籍广东，自幼随父母工作调动搬来北京。实验室的人，基本都被导师骂过。只有一个人例外，那个人就是丁丁，因为导师觉得他是未来的诺贝尔奖得主，骂不得。

导师的看法并非没有依据。丁丁虽然是本科生，但是比许多博士生还要努力。他经常在早上 6 点钟就来到实验室，成为开门的人，晚上也是很晚才走。有时做实验做到凌晨三四点，干脆就直接趴在实验室的办公桌上睡着了，第二天早上起来接着做，简直就像住在实验室一样。

生物的细分领域很多，起码有上百个可称为“大牛”的科学家。丁丁却对大部分大牛都很熟悉，能够了解和评价他们的

工作，预测谁将获得诺贝尔奖。这可是许多教授都做不到的事情。我不信他那么神，每次都跟他赌一顿饭。结果最近 3 年诺贝尔生理学或医学奖的获奖者，他居然猜对了两次。

丁丁出身于科研世家，父亲在部队研究导弹的燃料配方，母亲在北京科技大学担任副教授。他从小就知道科研并不是一个舒服的职业，收入不高又特别忙，熬夜加班是家常便饭。但他渴望了解自然的奇妙与壮阔，梦想着成为一名科学家。在高一的时候，他就已经申请参加青少年后备科技人才培养计划，到中科院微生物所做科研。有一年中秋节的晚上，本该是团圆的时候，他家三口人却分别在三个不同的实验室里做实验，只能隔空送上祝福。

在常人觉得很无聊琐碎的实验中，他体验到了自由探索未知的纯粹和快乐。他告诉我，他爱科研，愿意一辈子做科研，直到死在实验台上。要是别人说这话，我肯定觉得是吹牛，但是丁丁说这话，我信。

除了爱科研之外，丁丁最大的特点便是追求整洁有序。他一有空就喜欢收拾桌面，把它弄得干干净净。有人笑他是强迫症。他却说："收拾东西，会让人心情好，效率高。"把桌面收拾完以后，没东西可收拾了怎么办？他便开始收拾电脑桌面……

我们在做实验的过程中，需要用到老鼠。给老鼠配种是一件吃力不讨好的事，丁丁却毫不犹豫地领此大任。有几位师兄喜欢开玩笑，经常调戏他："丁丁，最近配种配得怎么样？好好干，一定要让那些母老鼠都怀上。"这令丁丁很无语。然而，一件事情的发生，却令大家对丁丁肃然起敬，再也没人乱调侃他了。

当时我们的实验正处于出结果的关键时刻，遇上了一个很致命的问题——不知为什么，我们总是难以得到新生小鼠。每当到了母老鼠生小鼠的那天，我们都见不着小鼠。它们对于我们的研究可是非常重要的。母老鼠的肚子明明瘪了，但是小鼠却消失了，难道这老鼠还会变魔术不成？

我在笼子里仔细找了找，发现一些残缺的鼠皮和鼠脚，原来这些新生小鼠竟然被母老鼠吃掉了。这只母老鼠为什么要吃小老鼠呢？莫非是缺营养？大家都很着急，试了各种方法，往饲料里加入了蛋黄、葡萄糖、维生素等各种营养物质，但是都没用。这只母鼠很肥硕，也不像是营养不良的样子。大家在会上经过长时间的热烈讨论，最后一致认定这应该不是生理问题而是精神问题，我们猜想它可能是因为被关太久，一直很压抑，疯了。当时我们的研究课题，一定需要这只特定基因型母老鼠生出的小老鼠，来不及更换了，怎么办呢？

就在我们无计可施的时候，丁丁采取了一个简单粗暴的

解决办法。他直接搬了张行军床，住进了鼠房。在母老鼠生孩子的那天，全天 24 小时，每隔 15 分钟看一眼它有没有生，如果小老鼠一出生，就立刻把它们和母老鼠隔离，最终成功拿到了我们需要的新生小鼠。这个办法并不难想到，但只有疯狂热爱科研的人，才会觉得这也是个办法。因为鼠房可不是什么舒服的地方。一只老鼠不算很臭，但是几千只老鼠挤在一个房间里拉屎撒尿，就会让人深刻地体会到什么叫“团结就是力量”，臭到令人不愿意呼吸。而且几千只老鼠在一起难免会很吵，在这种鬼地方待一天又不能睡觉，甭提有多难受。丁丁从鼠房出来时都快累趴下了，身上带着一股难闻的老鼠骚味，但他成了我们的英雄，没人嫌他臭。

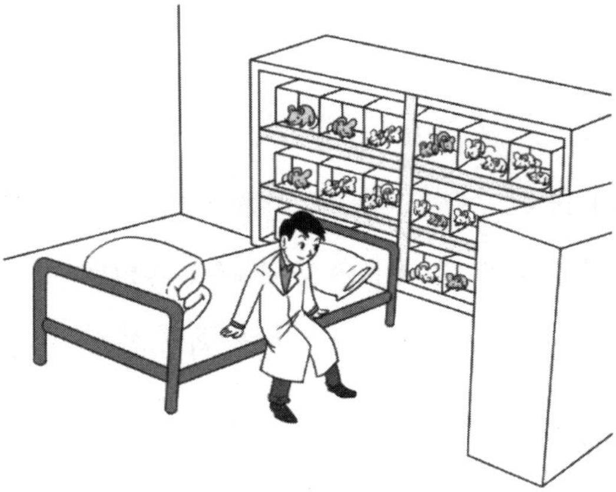

丁丁凭借自己的努力，最终成为两篇论文的共同第一作者。在北大和清华的本科生中，这是很罕见的事情。按理来说，有了这么好的表现，他申请拿奖学金到世界上任何一所名校读博士应该都很轻松。但是丁丁也有他的硬伤，申请奖学金需要面试，口语很重要。他的英语口语非常不好，在口语课时说起英语磕磕巴巴的，很不流利，差点不及格。

但是我丝毫不替他担心。因为我经常与他聊天，只要谈到科研，这个原本内向的人就会变得很活跃。他的嘴里会蹦出各种奇思妙想，他的声音会变得抑扬顿挫，很兴奋；他的眼神流露出一种虔诚而又狂热的光，仿佛圣徒的光，让我忍不住想要在他头上画个天使的小光圈。我相信即使是口语的缺陷也无法掩盖他澎湃的热情。果然，他对科研的真爱打动了各大名校的面试官，他们都对丁丁非常赞赏，强烈希望录取他。

丁丁从美国回到北大的时候，没有直接回宿舍，而是拖着行李箱来到实验室做实验，一直做到凌晨两点才回去。别人的庆祝方式是吃喝玩乐，丁丁的庆祝方式却是做实验。他当时已经发表了论文，又被国外各大名校录取，没有必要再做实验了。而且他也知道自己很快就要出国，这个新开展的项目跟他关系不大，不会带给他什么好处。但他依然凭着对科研很纯粹的爱去做实验，也许这早已成为他深入骨髓的习惯。

丁丁如此优秀，喜欢他的女生应该有不少吧？但实际上，丁丁直到出国前也从未谈过恋爱，是网络流行的“情侣去死去死”团的忠实团员。当我告诉他我有女朋友的时候，他表现出一副羡慕嫉妒恨的神情，两手食指向下，做出了一个鄙视的手势，嘴里还搞笑地嘟囔着："情侣去死去死。"

丁丁不但学业优秀，而且身高一米八，长得也不难看，为何一直单身呢？这主要有两个原因。第一是难以接触女生。丁丁把大部分时间投入实验室，实验室男多女少，而且女生基本都是比他大好几岁的师姐。即使是在极其有限的业余时间里，丁丁也没参加类似"爱心社"这种女生比较多的社团，而是加入了由纯爷们组成的"军事爱好者协会"，经常参加军事化训练，比如负重越野长跑。从时间安排上来说，他不打光棍都没天理。

第二个原因是他曾经"臭名远扬"。丁丁见宿舍的其他几个哥们都有女朋友，只有自己一直是单身，非常郁闷，跟我聊天时还自嘲道："都怪爸妈给我起的这烂名字，一丁一丁，摆明了要一辈子打光棍呀。"有一个光棍节晚上，他觉得寂寞空虚冷，便在宿舍里喝闷酒，酒精一上头，就嚷嚷道："老子发誓今年一定要找到女朋友。"

"你去年光棍节也是这么说的。"丁丁的舍友并不在意他的话。丁丁却是表现出如同做科研一样认真的态度，拿出了一张白纸，让舍友跟他一起统计全年级还有哪些单身的女生。他把这些单身女生的姓名全部列在这张白纸上后，非常得意，扬言："我从现在开始一个一个地追，就不信全都追不到。"

他还真的全都追不到。俗话说："好事不出门，坏事传千里。"丁丁还没来得及追第一个女生，就发现他列名单的光辉事迹已经传遍全年级，而且越传越邪乎，比如"丁丁打算同时追全年级的所有单身女生""丁丁列了名单想要开后宫"之类的。他的名声一下子就臭了，形象全毁，被女生们当成了花心大萝卜，唯恐避之不及。作为他的朋友，我知道，丁丁真是比窦娥还冤呀。他是一个老实巴交的人，连女生的手都没碰过。先在一张白纸上把各种可选项列出来，再一个一个去尝试，这是他做科研多年养成的习惯，尽管有些怪，但并没有什么恶意。

单身成为丁丁大学生活的一大憾事，他只能在毕业时无奈地感慨道："感谢我生命中从未出现的女朋友，因为你的不存在才能让我专心地搞科研。"

祝愿他在国外早日找到另一半。丁丁是极度热爱事业的人，我相信一定会有人发现他这只潜力股的。

爱上事业，尤其是爱上事业的过程，是丁丁取得科研成功的关键。学习给我们带来的最大收获是什么？知识不一定都能在生活中用上，而且难免会忘记。在学习过程中锻炼获取知识的能力比获取知识重要，爱上学习又比获取知识的能力重要，将爱上学习的能力推广，干一行爱一行则是最重要的能力。

兴趣不是天生的。根据宿命论的观点说一个人生下来就会

喜欢某种职业，是很不科学的。关键不是找兴趣，而是培养兴趣。兴趣主要来源于做事过程中的快乐和成就感。使用表现法可以感觉到做事过程中的快乐，而使用量化及先易法可以体会到做事过程中的成就感。

为什么本方法叫“皮蛋必胜法”，而不是学习必胜法？就是因为干一行爱一行是各行各业成功的关键所在，绝不仅陷于学习。皮蛋必胜法是可以应用在各个方面的。

要在痛苦中找到欢乐，才能在绝望中找到希望

我喜欢看美食节目，热爱品尝美食。缺乏节制的饮食习惯使得我的体重在读研时一度达到 189 斤，成了一个大胖子。虽然这对于我担任篮球中锋很有好处，但是我坐在床上的时候，床板都会“嘎嘎”响。宿舍的凳子也被我坐坏了三个。

【网友草帽团：篮球场四大天王之灵活死胖子。】

我痛下决心，一定要减肥。单纯依靠节食减肥有害健康，我的减肥策略是以运动为主，节食为辅。

在运动方面，我规定自己每隔一天慢跑一次，一开始是 4000 米，后来逐渐增加到 10000 米。我自幼被溺爱，娇生惯养，缺乏吃苦耐劳的品质。长跑对我而言是一件非常困难的事，跑了一会儿，就肌肉酸疼，路程却还剩很长，令人觉得根本没有跑完的希望。怎么办？要在痛苦中找到欢乐，才能在绝望中找到希望。既然无法吃苦，那就爱上这肌肉酸疼的感觉好了。

我经常在肌肉酸疼的时候做出很开心的表情，心中默念："我爱死这肌肉酸疼的感觉了，太爽了，再疼一点，还不够。"

我很快就爱上了肌肉酸疼的感觉，爱上了长跑。一旦有几天不跑步，就会觉得很不过瘾。我减肥的同时还想锻炼胸肌，所以我长跑以后还会做一些引体向上和俯卧撑。做这些健身运动时，也会肌肉酸疼，要想长肌肉，最大的秘诀也是爱上肌肉酸疼的感觉。

在节食方面，我发现人坐下来吃东西时很难觉得自己饱，一站起来才知道自己吃撑了。所以我每次吃东西觉得八分饱时，就站起来，这样就会觉得吃够了。

我为了爱上节食的过程，还采用了量化法。我买了一个体重秤，每天都会称体重，然后记录在台历上，这样就可以一目了然地看到体重的变化。发现自己的确一点点瘦下去，我就会很高兴，更有动力去减肥。当我想要吃零食的时候，也会因为要称体重而作罢。

我在半年时间里成功减到 147 斤，足足瘦了 42 斤。这少

不了“表现法”和“量化法”的功劳。

爱上学习的过程

大家都知道人才重要，人才难得。但什么样的人是人才？聪明的人是人才？不一定，许多智商极高的人不好好干，也只能碌碌无为。勤奋刻苦的人是人才？也未必，许多人看上去很努力，但是并没有积极主动地去想如何能够做得更好。虽然付出很多，但是收获很少。我认为，爱上做事过程的人，才能被称为人才。它会使人全身心投入事业中，发挥出全部的潜力，创造伟大的奇迹。

大多数人工作只是为了赚钱，没有享受到工作本身的乐趣。正是因为爱事业过程的人实在太少，所以一旦这样做，就会鹤立鸡群，容易获得事业的成功。

学习正是学生的事业。勤奋刻苦的学生有不少，但是喜爱学习过程的学生，100 个人里都不一定有 1 个。学习就像是一个貌丑心善、很少人喜欢的可怜孩子，只要你给他一点爱，他必会给你十倍的回报。我们一旦这样做，就会具有极其巨大的优势，如同坦克面对骑兵的碾压优势。我从来没有见过任何一个爱上学习的人成绩不好，从来没有。

我的学生刘瑞非常渴望上清华，遇到我之前一直学得很辛苦却没什么进步，始终无法进入前十名。他使用了我教他的“回想法”等技巧以后，在不增加学习时间的情况下，成绩提高很快，成为班级第二名。按理来说，他应该感到高兴，并且有更大的动力去积极学习。但是他告诉我，他学烦了，经常晚上回家学两个小时就不想学了，尽管依靠高效的学习方法，依然能维持第二名，却再也无法进步了。

为什么一个取得快速进步的学生，依然会产生厌学情绪呢？因为他长期以来只爱目标，不爱过程。他满脑子只想着清华，只想着提高排名。但是无论多么鼓舞人心的目标，都只能在短时间激励人。时间长了，激励效果自然就减弱了。学习是长跑，不是短跑。比起目标的短时间激励作用，我们更需要学会享受过程本身。本文介绍的“皮蛋必胜法”，正是帮人享受学习与工作过程的方法。我将“皮蛋必胜法”告诉刘瑞后，他又逐步培养出了对学习的兴趣。

如果想爱上学习的过程，就要消除固有的偏见。学习不一定是一件痛苦的事，课本上有先贤伟大智慧的结晶，而每个人都是有好奇心和求知欲的，我们完全可以抱着“学习过程中存在很多发现和乐趣”的态度去主动学习。我们不要像西方人歧视皮蛋一样歧视学习。把学习当成玩，学习能比玩还有意思；把学习当成折磨，学习也不会逊色于任何酷刑。给皮蛋一个机会，我们可以多品尝一种美味。给学习一点阳光心态，我们能收获极大的灿烂辉煌。

第二招 “命运罐 2.0”

1 我的探索

做不到自我约束和控制，就会虚度光阴。如何控制自己的行为呢？这是我一直都想要解决的问题。

初一的时候用的是体罚法。例如我给自己规定，一定要做完作业再玩，违反的话，就要做 50 次仰卧起坐。结果好习惯还没养成，身体倒是得到了锻炼。不过，做 50 次仰卧起坐，本身便是需要毅力的事情，我自制力很差，不容易坚持用这个需要毅力的方式惩罚自己。

体罚不容易坚持，我就改为尝试不需要毅力的“扔钱法”。每次我违反自己定下的规矩之后，我会把钱扔到楼下，第一次违反扔 1 角钱，第二次违反扔两角钱，第三次扔 5 角……依次递增，越罚越重。刚开始扔钱不心疼，但是扔到 10 元钱的时候，的确挺难受。虽然扔钱很不爽，但是我自制力太差，还是忍不住会贪玩。这个方法不但效果不好，而且实在是太浪费钱了！

初二时，我在书桌前的墙上贴了一张纸，上面写满了督促自己的口号，比如：

这学期期末考试一定要进前十名！

争分夺秒！

吴业涛，当你想要玩的时候，你要问自己，今天的任务完成了吗？

这些口号在第一天的时候还是管用的。第二天我的小伙伴来找我时，看见我贴的这张纸，赞不绝口。不过这种口号法也许对别人效果会很好，对我这种严重缺乏自制力的人，也就管用一天。我刚被人夸完半小时，就忍不住去上网了。后来我越来越贪玩，不但没进前十名，反而成了倒数前十，觉得这张纸简直就是对自己的讽刺，越看越闹心，直接就把它撕了。

初三的时候，我采用的是“隔绝诱惑法”。1966年，斯坦福大学心理学教授米歇尔曾经做过一个著名的糖果实验。他在幼儿园找来了几十名小孩，每个人都在一个单独的小房间里，面对一些糖果。孩子们都被告知，如果能够忍耐15分钟不吃面前的糖果，就能得到更多糖果。大多数的孩子都没有撑过3分钟，其中许多吃货一直盯着糖果看，不到1分钟就把糖果吃掉了。只有1/3的孩子能够忍耐到15分钟，得到奖励。这些能够忍耐15分钟的孩子们，有的为了不去看那诱惑人的糖果而捂住眼睛或是背转身体；有的则将糖果放得远离自己。这其实都是隔绝诱惑的策略。

学习时也可以采用同样的方式，既然我喜欢上网、玩游戏、看电视，那我就想办法隔绝这些诱惑呗。一个最简单的方法就是去教室上自习。于是，我初三的时候虽然不住校，但是每天都去学校上自习。离开了家里的电视和电脑，我的学习效率大增，成绩也有了明显的进步。高中时，班上学习氛围好，自习课特别安静，我更是很积极地去上自习。

到了高考前两个星期，因为当时我成绩很好，而老师讲课主要面对的还是大多数人，我听课时觉得收获比较少，于是就跟班主任请假，回家自己做题和看书。不过一回家就容易管不住自己，我学了一会，就想要上网或看电视。难道我专门请假是为了回家偷懒的吗？我不禁郁闷和焦急起来，于是我就把家里的网线和插座全都拔了，然后用剪刀剪断，扔到楼下垃圾桶。这回我家彻底看不了电视、上不了网，我又可以安心学习了。这种剪网线的行为，又被我称为“自宫法”。

父母对我的破坏行为十分不满，班主任知道这事后，却觉得我精神可嘉，将此事在班上大为宣传。我事后想起来，觉得这件事虽然精神可嘉，不过的确应该先跟父母商量，征得他们的同意，或是有更好的解决办法，比如让他们把网线和插座锁起来。

面对诱惑，隔绝是最简单直接、效果最好的方法。我中学时，主要就是依靠这个方法控制自己。我后来做家教时，也经常提醒学生们要在一个隔绝诱惑的环境中学习，如果离学校远，或是教室比较吵，也可以找别的地方。比如我的学生王洋，平时住校，每个星期日都会回家，一回家就忍不住要玩电脑。她

家离学校比较远，不方便周末过去学习，于是听了我的建议以后，她每个星期日就会去离家不远的图书馆上自习。我的另一个学生李名忠，则是去离家不远的大学上自习。虽然稍微麻烦一点，但是比在家学效率高多了。一般来说，要想找个适合学习的地方并不难，总是有办法的。

现在是移动互联网时代，同学们往往面对的是手机上网的诱惑，这会严重影响学习。有一个手机应用叫“我要当学霸”，可以帮助解决这个问题。安装了这个手机应用后，在设置的时间范围内，如果选择“坚持模式”，我们就彻底不可以上网和玩游戏。如果选择“彪悍模式”，当用手机娱乐时，这个应用就会自动在我们的QQ空间等社交主页上，发出各种让人颜面尽失的恶搞动态。有一次我手贱，试了试彪悍模式，中间忍不住上了一次网，第二天就发现我的QQ空间访问量暴增。原来这个应用在我的QQ空间里发了一条毫无节操的状态：“在自习，忍不住想男神。”

要是说想妹子也就罢了。想男神？这是要闹哪样呀！许多不明真相的同学纷纷前来围观，有的人还发表留言：“终于明白你为何多年单身了。”

这下真是闹大了，我好不容易才把这个情况解释清楚。好友们表示：“这个应用真‘贱’，跟你的气质很相符。”各位同学，如果安装“我要当学霸”的话，记得选择坚持模式，这是最安全有效的模式。

近朱者赤，近墨者黑。隔绝诱惑除了环境之外，还有很重要的一点是要尽量远离带来不良诱惑的人。比如我大学时有几个同学特别痴迷游戏，他们总是经常找我一起打《魔兽争霸3》。我一开始玩得挺嗨的，不过后来也逐渐意识到，天天玩游戏，人迟早会废了。但是每次他们一来找我，我就忍不住跟他们一起玩。怎么办呢？我就只好跟他们说我以后不玩了，而且在我的手机通讯录里，把他们几个人的名字后面都加了“绝不打游戏”五个字。假如其中一个人叫赵纲，那他在我的手机里就显示为“赵纲绝不打游戏”。这样可以提醒我自己，远离游戏的诱惑。

不跟同学或朋友一起打游戏，可能会伤感情，但是如果放纵自己，跟他们一起玩儿，那么只会使得上瘾的情况更加严重，害人害己。

如果把我们的学习比作一棵树的话，网瘾和游戏瘾等不良诱惑就是树上的害虫，会把树叶吃得千疮百孔，毁掉这棵树。要想树长得好，就要除虫；要想学习好，就要隔绝各种不良诱惑。

隔绝诱惑通常已经够用了，可是如果遇上无法隔绝的情况

怎么办？大学生经常需要通过网络交作业，中学生有时也会在网上查资料。这时我们可以采用“命运罐 2.0”。

2 好用的“命运罐 2.0”

“命运罐”，这是许多心理辅导专家在帮人戒除网瘾、电视瘾等不良习惯，提高自控力时会采取的奇妙方法。比如我曾在《黑龙江生活报》上看见这么一则新闻《专家给网瘾少年开良方，“命运罐”法让你好好学习》。王鹏是个成功戒掉网瘾的人，他说，过去无聊时特别想上网聊天、玩游戏，感觉在网络世界里才可以随心所欲。每一次想上网的时候，觉得非常兴奋、冲动，即使是父母的说教与责骂也毫无作用。因为常上网，学习成绩很快就下滑了。后来在心理辅导专家关老师的指导下，用了一种叫作“命运罐”的方法，现在已经成功地戒掉了网瘾。

据王鹏同学介绍，决定开始戒除网瘾当天，他买了两个小陶瓷罐：红色的称“幸运罐”，黑色的称“厄运罐”。每当产生上网念头的时候，他就在两张小纸条上分别写出祝福自己拥有好运的话和自己遭遇厄运的话，然后分别想象一下纸条上的预言，变成现实的情况，之后选择其中一张投入相对应的小罐里，然后把另一张撕掉。

选择往“幸运罐”里放祝福的话，就表明克制住了自己，决定不上网了；选择往“厄运罐”里放遭遇倒霉的话，表明克制不住自己，决定上网了。

有一次，他写了这样两张纸条：“如果我现在能够克制自己不上网，我这次期末考试就能考好，我会很开心。”“如果我现在选择上网，那么3天之内将有一件倒霉的事情发生在我身上。”写完这两张纸条后，他分别想象了这两种情况发生时，自己有何感受。

如果选择了不上网，就可以把写着祝福自己的那张纸条放进“幸运罐”里，这就意味着祝福开始生效了。然后就把另外一张纸条撕掉，表示作废。如果选择了上网，就必须把写着自己不好的那张纸条投进“厄运罐”里，这就意味着坏运开始生效。然后把另外一张纸条撕掉，表示作废。

通过这个方法，王鹏成功地戒除了网瘾，提高了成绩。

王鹏用的这种方法很简单，想戒除网瘾的孩子可以试试。如果找不到罐子的话，可以用瓶子或者本子来代替。

这个“命运罐”法挺有趣的，让我想起了宋代一位古人曾经使用过的方法。中学时期常考的一篇文言文阅读文章是《赵康靖公神道碑》，这是苏轼为一位特别有德行的官员赵康靖所写的悼念文章。赵康靖是如何培养自己品德的呢？他在桌上放了一个瓶子，利用黑豆和黄豆记录自己的心念。他每当起善念的时候，就将黄豆放进瓶子中；每当起恶念的时候，就将黑豆放进瓶子里。

第一天，放进去的黑豆占多数。因为放豆子这个过程对他有个提醒作用，以后他每天放入瓶子中黑豆便逐渐减少。到了最后他几乎就不往瓶子中放入黑豆了，表示已经培养出了良好的心性，这时候就可以不用这个瓶子和豆子了。

“命运罐”法相当于赵康靖所用方法的改进版。写着预言的纸条，比起豆子，控制有害念头和行为的能力更强。本书序言提到的“柯南”王凯，正是通过这个方法摆脱了网游。我为了在写作时避免上网娱乐，也尝试使用了这个方法，觉得还真是特别管用，所以在这里向大家推荐。如果无法隔绝诱惑的话，那么“命运罐”法则是你很好的选择。

大家都知道网瘾是不容易戒的，为什么“命运罐”法那么好用呢？因为它有三个非常突出的优点：

第一，它很简单。写两张纸条，再想象一下，也就需要一分钟，所以“命运罐”法也被我称为“一分钟自控法”，比我之前提到的做 50 个仰卧起坐方便不少。我甚至基本都不用写纸条，一想到“命运罐”就足以让我远离诱惑了。

第二，它是事前惩罚，比事后惩罚有效多了。我之前采用的都是事后惩罚，比如事后的体罚之类的。但我一旦想要玩，很多时候根本就顾不上事后的惩罚，毕竟玩是现在就可以爽，惩罚是以后的痛苦，自制力差的我更在意眼前的感受。事前惩罚则不同，在玩之前就要接受惩罚，我们不容易忽视和逃避，效果就会强很多，可以起到预防犯错的作用。

第三，我们都会很本能地排斥写一张对自己不利的纸条，将其放入厄运罐。这个惩罚措施虽然简单，但是威慑力非常大。网络等诱惑虽大，但在“命运罐”前都是浮云。

我有一个学生刘慧（化名），沉迷于动漫，成绩很普通。她总觉得自己潜力无限，比那些成绩好的人都聪明，现在偷懒

没关系，以后一旦努力，必然轻松超过他们。我劝她道：“越是懒人，越容易觉得自己潜力大；越是不学习的人，越容易以为自己很聪明。真正聪明的人，绝对不会想着以后再努力。每晚一分钟努力，都会付出代价。每个人都有潜力，发挥潜力凭借的是现在的用功，而不是幻想中的努力。”说完我还向她介绍了“命运罐”，她对此表现出了强烈的兴趣，愿意尝试通过“命运罐”控制自己看动漫的时间。

刘慧找了两个矿泉水瓶，一个写着“幸运罐”，一个写着“厄运罐”，如果在非周末的时间想看动漫，就使用“命运罐”制止自己。

许多人都靠“命运罐”法成功地戒除了各种瘾，但是刘慧特别擅长找借口给自己开脱，所以靠“命运罐”法约束了自己两周以后，她找到了一些借口来逃避“命运罐”。

最简单常用的一个借口就是“今天先玩儿个痛快，明天再用‘命运罐’”。类似的借口还有“之前给自己的规定太严了，不合理，不必去遵守”。针对找借口的情况，我给她的建议是将自己定下的规定明确地写到纸上，每天学习前看一遍。

之前提到“命运罐”法的一个显著优点是事前惩罚，但是只有事前惩罚的话也会有问题。比如产生念头到发生错误行为的过程往往很短，经常不到一分钟，那么短的时间里，一冲动,有时就来不及采用“命运罐”。所以光通过事前惩罚来预防，不通过事后惩罚来铭记教训也是不行的。所以如果事前没用“命运罐”，事后双倍惩罚，就是要写两张纸条放进“厄运罐”。

这种改进后的“命运罐”法被我称为“命运罐 2.0”。刘慧使用了这个方法，将“命运罐”规则在纸上写了出来。

“我，刘慧，希望能够在高二上学期期末考试进入班级前十名。为了实现这个愿望，在此发誓：我从 2012 年 12 月 3 日起，每天都要热爱学习，全身心积极投入其中，非周末不看动漫，不上网，不找借口，如有违反的念头，则使用‘命运罐’。如果事后才用‘命运罐’，则双倍惩罚。如修改规则，必须明确写到纸上，不得随意更改。”

刘慧使用了“命运罐 2.0”以后，实现了进入班级前十名的目标，基本解决了沉迷动漫的问题。有些人看到这里可能会不以为然，觉得自己又不迷信，这个“命运罐”法对自己没什么威慑力。

我相信科学，也并不是一个迷信的人，但是“命运罐”法依然对我很管用。各位同学如果尝试后就知道，“命运罐”法如果有问题，不是因为威慑力不够，而是因为威慑力太强。刘慧第一次写好纸条以后，不敢放进“厄运罐”。我在刚开始使用“命运罐”时，也有类似的问题。解决办法有两个，一是

放进“厄运罐”的纸条，一开始可以写得比较温和，比如“如果我现在选择上网，那么3天之内将有一件倒霉的小事发生在我身上”；二是如果当时没放进“厄运罐”，事后要双倍惩罚。

第三招　充电式休闲

学久了容易累，难免需要放松一下。我在中考前几个月觉得自己成绩很好，学累了玩一玩是理所当然的事，劳逸结合才能更高效地学习，所以经常采用玩电脑游戏的方式休闲。但是越玩越觉得好玩，心都玩野了，根本没心思学习。我逐渐沉迷于一个叫《帝国时代》的游戏。当我发现苗头不对时，想下决心戒掉游戏，但是又忍不住想玩，于是就疯狂地玩这款游戏，觉得只要把它玩腻就行了。

我玩了好几个星期都没把这游戏玩腻，反而因为技术越来越高，更加上瘾了。有一个周末我连着玩了 10 个小时《帝国时代》，好不容易终于觉得无聊了，但是有一局成功实现了大

逆转而获胜，真是激动人心，我又更加喜爱这款游戏，不能自拔。而且我还没把《帝国时代》玩腻时，又喜欢上了《仙剑奇侠传》，这样下去，自然无法好好学习，最终中考考砸了，差一点就没去成重点班。

不单玩游戏，把上网和看电视作为主要休闲方式也会不利于学习。这些休闲方式都被我称为“耗能式休闲”，即消耗正能量的休闲。

耗能式休闲的害处主要有三点：

第一，耗时过长，甚至是无止境的长。以上网为例，休闲娱乐网站数以万计，而且都在不停更新，根本看不完。

第二，让人变懒，变弱。耗能式休闲会消磨人的斗志，培养人的惰性，让人不愿意再回书桌。越进行耗能式休闲，越容易变懒，越懒就越习惯耗能式休闲。这是个很可怕的恶性循环。

第三，学习是一个费眼和保持固定姿势的过程。学习间歇的休闲最好能活动身体和眼睛，但是玩游戏、上网和看电视只会变本加厉地费眼和保持固定姿势，不利于后续学习。

在耗能式休闲中，玩游戏算是比较彻底的有害无益，危害最大。通过上网和看电视，如果能了解一些新闻时事和学习相关的东西倒也无可厚非，但如果是看别的就算了。

我在高中时所采用的休闲方式不是耗能式休闲，而是充电式休闲。它会真正让人做到劳逸结合。充电式休闲主要有三种：锻炼、整理、看书。

1 锻炼

有一次在吃饭时，一位亲戚很好奇地问我："北大是不是有很多整天只会读书的书呆子呀？"这是人们经常会出现的误解。我在高中时见过一些不愿进行任何健康有益的休闲，只想把所有时间用来读书的书呆子。不懂得劳逸结合，会使得学习效率极低。这种人往往连班级前 20 名都进不去，更别说考北大、清华了。我的大学同学里并没有这种书呆子，与之相反的是，我在北大见到了许多体育爱好者。

"old 叶"

本书前面提到的"老大"是我们年级男生中成绩最好的，那全年级成绩最好的人是谁呢？那就非"old 叶"莫属了。"old 叶"的名字是吴叶，她是贵州省状元。吴叶年纪轻轻，却大气沉稳，说话不紧不慢，一副老成持重的样子，所以被一些男生起了个"old 叶"的绰号。我估计这帮家伙是觉得"old 叶"跟"oh yeah"同音，叫起来很有喜感……

虽然这个绰号有些滑稽，但是我们都很佩服吴叶。她实在是强得令人发指，被认为是我们学院好几年才能出现一个的奇才。在成绩方面，她始终是年级第一。在科研方面，她也是我们年级第一个在国外学术期刊发论文的本科生。这篇论文比许多博士生的论文质量还高，因此上了北大官网主页，受到表彰。我们年级的牛人很多，但有吴叶在，第一名永远毫无悬念，大家只是在争第二名而已。

吴叶的强大和稳定，让我们觉得她简直是电脑或者钟表之类的东西，反正不是人就对了。你会和电脑比记忆和计算吗？你会和钟表比报时吗？显然不会吧。所以也没多少人想过要跟她争第一名。

吴叶一直很优秀，在高中时就已经被电视和报纸多次报道。她不仅在数理化竞赛中全面获奖，还参加中央电视台的“三星智力快车”知识竞赛节目，并轻松夺冠。屏幕上的吴叶大气沉稳，一口流利的外语折服全场。此外，她还是一位工作能力很强的班长。吴叶的高中班主任在谈到她时，感慨地说：“我经常想找个理由批评她，但是找了很久，还是没有找到。”

如果说吴叶是台机器的话，它的充电方式就是跑步。她从高一开始，几乎每天都要跑 2000 米。上了大学以后，大多数人都有所松懈，有些人甚至会一觉睡到中午才起床吃午饭。吴叶却是一直坚持每天早上 6 点起来跑步。跑一两周容易，坚持跑一两个月很难，吴叶能坚持这么多年更是难得。坚持跑步不仅可以锻炼身体，而且可以培养毅力和执行力。有了强大的毅力和执行力，做事又何愁不成。

跟这么强的人名字相似，又是同班同学，有时候难免会被拿来对比和调侃，这是我本科时候比较郁闷的一件事，真是躺着也中枪。

鸡胸少年

体育锻炼对我的帮助也很大。我小时候体弱多病，胸发育不良，很窄，俗称“鸡胸”。我妈在初一时给我买了扩胸拉力器，让我有空就拉。臭美之心人皆有之，而且拉力器又不难拉，我经常边看电视边拉，一拉就是一两百次。到了初三体检的时候，我的胸围和肺活量都是全班男生第一，再也不是以前那个鸡胸少年了。同桌甚至拿着我的体检数据单去嘲笑本班的部分女生。

我在高中时每天都会做引体向上，一开始只能做五六个，而且肌肉很疼，后来就能很轻松地做 15 个。在高中学习最紧张的时候，我也保持每周至少打 4 个小时篮球，暑假时每天更是都会打两个小时篮球。这些运动会让我神清气爽，有更高的学习效率。尤其是引体向上，还能增强我的肱二头肌（和自信心），让我相信自己也可以变成一个有毅力的人，这种感觉非常棒。

2 我在北大遇到的奇人——“奔跑者”施一公

我们学院每周五都会举办一次“展望事业，探讨人生”讲座。许多著名企业家和科学家都会受邀前来演讲。在我研二的时候，清华大学生命科学院院长施一公教授曾在讲座中，介绍他的成长经历与心得体会，令我非常震撼。

他当时是这么说的：

我对北大一直比较仰慕，但是我从来也没有机会来北大做学术讲座，或是跟学生们在一块儿聊聊天，因此我非常珍惜这个机会。借这个机会我想把自己的经历跟大家分享一下，推心置腹、毫不保留地分享。

我是在河南的一个小村庄里长大的，农村的生活是平淡的，也是很清苦的，不过给我留下的印象非常好。我就记得我小时候经常到地里去吃水果、掰玉米之类的。

我在村子里读完了小学。那时候我学习很好，老师们都很看重我。我还清楚地记得我小学的班主任老师曾拍着我的肩膀说：“一公，你将来要为我们驻马店争光啊！”

中学时我成绩很好，想申请入团。可是老师说我发展不够全面，还需要进一步努力。恰好那时我们学校要举办运动会，班上没人愿意报5000米和10000米长跑。为了好好表现，我就毫不犹豫地报了名。结果是拿了两个倒数第一，让我羞愧难当。在后来的日子里，我天天练习长跑，希望有一天能够一雪前耻。到了第二年，我又报名参加比赛，拿到了比赛的冠军。这无意中锻炼了我的体魄，磨炼了我的意志。

后来到了清华，我还想继续练长跑。可是，学校长跑队只招收专业运动员，所以我就改练竞走。那时，我还夺得清华万米竞走的冠军，并创造了全校竞走的纪录。在我

大学毕业 5 年后，这个纪录才被打破。万米竞走要绕操场走 25 圈，每走一圈就打一次铃来提醒你。这种体育项目特别能锻炼人的意志品质，这让我在日后的学习、生活和工作中获益匪浅。当然，这都是后话了。

1985 年，作为清华生物系复建后的第一批本科生，我开始了在清华的求学生活。虽然对生命科学并不了解，但从小就是尖子生的我还是自信满满。没想到，刚一入校就感觉很崩溃。身边优秀的人太多了，他们说起术语一套一套的，我还没听懂老师讲什么时，就有同学问下一个环节的知识点了。这让我很沮丧，觉得自己没有前途，会一事无成。

不过人活一口气，儿时好友曾经送给我一句话——“希望我能成为诺贝尔奖获得者少年时代的同窗”。现在想起来还很激动。我告诉自己一定要争气。我努力学习和追赶身边的同学们，成绩年年名列生物系第一。

进了大学之后，我才发现我其实不喜欢学生物，对生物系的课程趣味索然。所以，我就学习了数学系的一些课程。毕业的时候，我也是以第一名的成绩获得了数学双学位。

在大学求学期间，对我影响最大的事无疑就是父亲的突然去世。那是1987年，父亲不幸遭遇车祸。出车祸后，父亲被送到了医院。到医院时，他的血压和心跳都是正常的，完完全全是一个活人。可是医院要求先交上500元押金,才予以抢救。这在当年并不是一个小数目。4个小时后，把钱凑齐时，父亲已经永远离开了人世。他是在未经任何抢救的情况下去世的。

父亲去了，虽然我还在上大学，但是我觉得要靠自己来养活自己了，而且以后还得担负起扶养母亲的责任。所以在紧张的学业之余，我开始想法子赚钱。那时候，我资金、精力都有限，所以只能做些倒买倒卖的小生意，差不多只要是能做的小生意我都做过，甚至连导游都做过。靠自己的努力，我小有成就，不仅养活了自己，还积攒下了10000多元钱，成了“万元户”大学生。不过，我不鼓励大家效仿我，在求学时就去做小生意。我当时一方面是生活所迫，另一方面就是我虽然做小生意，可是我的课程一点都没落下，我照样考第一。如果你们当中谁能做到这一点，我也不反对你们去赚外快。

我提前一年从清华大学毕业，并获奖学金赴约翰斯·霍普金斯大学，攻读生物物理学博士学位。刚到美国的我受挫了，兴趣不定影响了我的科研。读博的前两年，我总是想转到计算机系，在实验室表现不好，我的英语也跟不上。

学校方面对我很不满，甚至一度想停止为我提供奖学金。我不服输，心里憋着一口气，一方面每天晚上做实验到凌晨；另一方面规定自己每天不管多忙都至少要背 25 个单词，甚至在日记里写道："有什么了不起，老子是清华的！"那时我特别拼命，幸好以前坚持锻炼，有一个好身体，否则根本就撑不住，后来我慢慢进入了状态。

有一天，导师伯格教授突然向我们宣布他发现了热力学第二定律的一个重大破绽。随后，他就在实验室的一块黑板上推演起来，我一看伯格教授的推算有一个明显的失误，就鼓足勇气给他指了出来。我话音刚落，整个实验室鸦雀无声，静得可怕，伯格教授什么也没说就走了。我心想坏了，可能惹得教授不高兴了。结果，第二天他问我是哪里毕业的，在哪里学的热力学，我说在清华大学学的，他听完就夸我学得扎实，还说我们清华的教育做得真好。加之当时我的实验有了一些成果出来，所以从那以后教授就对我刮目相看了。在我毕业时，伯格教授还说我是他最出色的学生，他为我感到骄傲。

（摘自《生命之光：展望事业，探讨人生讲演录》，高等教育出版社 2010 年版）

施一公教授的执行力太强了。他的勤奋，让我们这些听讲座的学生叹为观止，实在是值得我们敬佩和学习的榜样。本科提前一年毕业，依然在清华拿到本专业成绩年级第一，数学双学位成绩第一，校运会万米竞走第一并创下纪录，还挤出时间做了很多生意，当上了万元户。当年的万元户非常少，是令人们羡慕不已的富翁，学生万元户更是特别罕见了。

如此努力的人，成为普林斯顿大学分子生物学系历史上最年轻的终身正教授，在世界顶级学术期刊上发了几十篇论文，也就不足为奇了。有人也许会说，能取得这些成功，是因为他聪明。没错，他的确聪明。可是如果把他的成功主要归结于聪明，那就实在是侮辱和抹杀了他的努力。难道光靠聪明就能做成这些事吗？难道万米竞走全校第一，破了纪录，也是因为聪明吗？

我听了施一公的讲座后很受感动，对他很感兴趣，又到网上去查了关于他的相关报道。原来施一公可不只是一位长跑高手。自 1991 年起，施一公就参加了留学生组织的足球队，经常与其他大学的中国留学生足球队踢友谊赛、冠军联赛。1998 年年初到普林斯顿大学任职以后，施一公喜欢上了滑雪和滑冰运动，还跟着普林斯顿大学的学生上了一学期的花样滑冰课，每年圣诞节期间，他都会和家人朋友去滑雪场滑上几天。现在的他每周都会爬一次香山，每次从北门最陡的地

方出发。施一公说：“第一次爬的时候花了近两个小时，累得不行。现在，自下而上 2300 多个台阶，半个小时就能爬上去。”

热爱体育锻炼使得施一公拥有强健的身体和顽强的意志，帮助他达到“想做就一定要做到”的境界。这非常值得我们学习。

在此书首版即将完成之时，施一公教授凭借细胞凋亡领域的重要科研成果，获得瑞典皇家科学院评选出的“爱明诺夫奖”，成为首位获该奖项的中国科学家。这是结构生物学的顶级大奖，距诺贝尔奖仅一步之遥，瑞典皇家科学院更是诺贝尔奖的评选机构。也许施一公儿时好友的那个祝福，会在某一天实现。

3 清华校风

清华的体育锻炼氛围胜过北大，是一所特别崇尚体育锻炼的高校。清华校领导强调：刻苦的锻炼可以培养青年们的自信心、进取心和争取胜利的决心。

长跑是清华大学一直保持的优良传统。早在 20 世纪 50 年代，清华就已经长跑成风。每天下午 4 点半，学校的大喇叭响起来：“同学们，现在是课外锻炼时间，走出宿舍，走出教室，去参加体育锻炼，争取至少‘为祖国健康工作五十年’。”师生们纷纷走出教室参加锻炼，操场上、校园的路上，到处是跑步的人群，龙腾虎跃，蔚为壮观。

2010年，有几所大学发生了学生长跑猝死的事件。清华曾考虑要不要取消长跑测试。本以为同学们会皆大欢喜，结果不仅仅校友、老教师反对，在校生也强烈反对。当时在一家著名的社交网站上，所有的同学都要求坚决不能取消长跑。有同学说:“取消长跑，‘为祖国健康工作50年’就仅仅成了一句口号。”还有同学表示:“不经过长跑的洗礼，就不像真正的清华人，毕业证书上就缺了点光彩。”看来，不爱长跑的同学们就不适合报清华，气场不和。

清华跟北大离得特别近，骑单车10分钟就能到，比从北大东门骑到西门还快。我曾多次去清华游玩，清华校园让我印象最深的就是篮球场太多了，比其他大学的篮球场多好几倍。无数个篮球场紧挨着，一眼望不到头的感觉，很震撼，让我羡慕嫉妒恨。而且清华的学生很喜欢打篮球，这些篮球场总是一个空的都没有。

如今，清华已经把对学生身体素质的考量纳入招生环节，在自主招生的复试中增加了体质测试项目，表现优异者可以给予额外的加分。

4 收拾

20 世纪 80 年代，纽约市的地铁交通系统曾经被形容为地狱、公厕、鬼屋，反正不是什么好地方。车厢脏乱不堪，被层层乱涂乱画，每年地铁里会发生 15000 起重大犯罪案件。由于罪犯过于猖獗，警察根本管不过来，在纽约坐地铁居然成了令人提心吊胆的冒险行为。地铁乘客的数目降至历史最低水平，有些乘客为了自卫甚至带枪坐地铁。

然而到了 90 年代，纽约的地铁犯罪率急剧下降了 75%。这是如何做到的呢？原来，市政当局采取了一个不同寻常的措施——重点治理了地铁车厢的乱涂乱画现象。当时有许多人不理解，地铁里经常发生恶性案件，为什么要管乱涂乱画？这就好像是在泰坦尼克号驶向冰山时擦甲板。但是市政当局聘请的犯罪学顾问指出，犯罪是混乱环境所引发的必然结果。当纽约地铁的涂鸦和标语被清除后，整洁的环境果真降低了犯罪率。

环境会影响人的情绪和行为。美国西北铁路公司总裁罗兰·威廉斯曾说过："那些桌上老是堆满东西的人会发现，如果你把桌上清理干净，只保留与手头工作有关的东西，这样会使你的工作进行得更加顺利，而且不会出错。这是迈向高效率的第一步。"

这给我们的直接启发就是，整洁有序的环境更有利于我们在学习时有个好心情。我所见过的优秀学生，大多数都有保持书桌和房间整洁的习惯，有的大牛甚至每次学习前都要先收拾一下桌面。反之，杂乱无章的环境不仅让人更容易无心学习，而且还会在无形中给人带来压力，让人觉得自己陷入一团乱麻之中，总有做不完的事，久而久之，这种压力就会把人压垮。

读高中时，学累以后，我挺喜欢收拾一下桌面和屋子。这个举动十分简单轻松，很容易让人感觉自己做了一件有益的事，给人带来一种小小的成就感，还能起到减压的作用。

到了读研的时候，科研任务特别重，我给自己找了借口：“既然那么忙就别收拾屋子了，反正每天大部分时间都待在实验室。”结果屋子很长时间没收拾，乱得一塌糊涂，像是个垃圾堆。

当时我跟女朋友交往了半年多，她是一位各方面都接近完美的女生，远非一般的“白富美”所能比。同学与朋友们都非常不理解她为什么能看上我。我的两位毒舌好友甚至在一次聚会时开玩笑问她：“你条件那么好，为什么会选择吴业涛呀？”“你跟他交往是在做善事吗？”

她有一次来北大玩，跟我说还没去过我住的地方，想要参观一下，我也不好拒绝。她是个特别爱干净的人，一看如此脏

乱，简直不能忍，二话不说就卷起袖子帮我扫地、拖地、擦桌子、洗衣服。地板上有些地方很难拖干净，她便跪着拿布一直擦。我没想到一个系花级的漂亮女生还能如此勤劳贤惠，心里既感动又很不好意思，不想让她干这些活。但是她坚持让我在旁边玩电脑就好。她一直干了两个小时，把我的房间收拾得干干净净。当她看到自己的劳动成果时，感到很自豪和高兴，我更幸福得像是在天堂一般。

之前我们一起听过梁静茹的演唱会。在我骑车送她回人民大学的路上，她坐在我的车后座上，一直低声地吟唱着："可惜不是你，陪我到最后……"我也在前头很高兴地哼着梁静茹的《分手快乐》。一唱一和，场面还挺欢乐的。

万万没想到，那是我们最后一次见面。她回去没多久就给我发了分手短信，把我的所有联系方式全都加入黑名单，彻底断绝了联系。

我后来通过她的朋友才了解到，当时想挖墙脚的"高富帅"很多，她对我产生了犹豫，到我的房间看看正是一个关键的考验。发现那里如此脏乱以后，她瞬间不再有丝毫犹豫。帮我收拾那么久，只是因为马上就要甩了我，觉得对不起我。

我爸妈一开始突然听说我被甩，觉得很奇怪。当知道女朋友去过我的房间后，就没有任何的疑惑了，因为他们也见过我那房间的邋遢模样。他们感慨道：“就你房间那个肮脏样子，谁看到都要甩你呀。哪个姑娘一想到将来要伺候别人一辈子时不会害怕呀？你以为这个世界上除了你妈还能有第二个女人心甘情愿地帮你收拾屋子吗？”

我们当时感情发展挺迅速，都已经见过双方父母，他们都很支持，分手还是挺可惜的。这个教训太惨痛，之后我无论多忙都不找借口不收拾屋子了。

5 读书

有钱人的孩子未必不好好学习，在我们初中班上就曾经发生过一件很神奇的事情。班长徐德杰平时十分朴素低调，并不显山露水。直到有一次打篮球时，他不慎右手骨折，他家人派了一辆劳斯莱斯来接他，我们才知道他家境很好。他父亲是地产商，在很多年前就已经赚到了 10 亿元。

徐德杰休养了大半个学期后才把伤养好。回学校后他向老师强烈要求参加期末考试。同学们都觉得很奇怪，他不是特别爱学习的人，成绩也就 20 多名，大半个学期没听课，右手骨折，就算想自学也写不了字，这还考什么考？但是考试结果更令我们感到惊奇，徐德杰突飞猛进，一跃而成年级第一，并且在之后牢牢保持。

他出院后一下子变得热爱学习，而且班级工作也做得比以前好，还当上了学生会主席，在学校成为明星一般的人物。英语老师甚至曾经在课上开玩笑说：“徐德杰很优秀，而且既帅又有钱，我要是年轻的时候遇上这种人，肯定去倒追他了。”全班听了这话一阵哄笑，徐德杰脸都红了，非常不好意思地低下了头。

他在养病的期间到底发生了什么，为什么一下子脱胎换骨？过去我一直都不知道其中的奥妙。直到为了写这本书，我打电话去问他，才从他的口中得知了真相。原来在医院养病时，他的一个亲戚送了他几本励志书。他看了以后大为感慨，觉得自己以前碌碌无为是在浪费生命，所以像打了鸡血一样努力自学，右手骨折就用左手练习写字，最终取得了很大的进步。我恍然大悟，难怪语文老师那时总说“徐德杰的作文有高中生的思想水平”。原来是看书的缘故。

徐德杰的例子告诉我们，看些励志书，有利于增强我们的斗志，让我们更好地学习。不过目前市面上卖的励志书，一百本里才能找到一本好的。什么样的励志书是好书呢？一是要有作者的亲身经历或见闻，这样才容易有真知灼见。那种东拼西凑的书，往往特别烂。二是给出的建议要具体实用，要给出方法，不能只是说一些空话、废话。比如不能只告诉读者努力工作的重要性，更应该指出具体如何做，才能更容易让我们努力做到。

我特别爱看励志书，这么多年一共买了几十本励志书来看，但是其中的好书只有两本，分别是：

戴尔·卡耐基的《人性的弱点》，关于社交与减压。

阿兰·拉金的《如何掌控自己的时间和生活》，关于计划。

除了励志书以外，科技文化类书籍也能给人充电。我前面提到了很多北大生物专业的牛人，但实际上物理专业的哥们里更是英才辈出。我们专业和物理专业的男生同一层宿舍，很多人相互都认识，有些物理学院的哥们还曾拿自己编的游戏给我们玩。在这帮物理学院的同学心目中，有一个偶像般的人物——钱江。钱江的同学曾为他写过一篇《钱江小传》，在物理学院代代相传，我有幸看了这篇奇文，不禁对这位神人佩服

不已。从他的传奇事迹中，我们可以了解到好书的确能熏陶培养一个人。

钱江小传

吴 舫

李敖先生说："神话有两种。一种是神话，一种是国民党反攻大陆。"

李敖先生一定不认识钱江。

最近一次和钱江通信是在上学期，我向他询问有关申请哈佛的事宜。其时他刚到哈佛不久，正在做着高等量子力学的助教，收到我的求救信息，忙里偷闲，很快"批示"说，如果没有研究背景，申请哈佛会很难，美国人不看 GRE 的。三言两语之间将我吓退。哼，我记得他在斯坦福的时候可没有那么意气风发，还要四处求人写推荐信，并且总不满意。毕竟，三封推荐信里只有两个诺贝尔奖，也真够让人耿耿于怀的了。还有不争气的 GRE 语文，是不是 400 分出头？呵呵……连那个教授都不得不承认："钱江的 GRE 确实不太好……不过，话说回来，我本人的英语也不大好，可这并不妨碍我得诺贝尔奖。"小时候看杨朔的散文，横竖就一个"欲扬先抑"，没想到老外玩起来也一样笔法娴熟。

我就是不明白，斯坦福比哈佛差在哪儿了。按理说，斯坦福对他也够仁至义尽的了。1998年诺贝尔奖得主罗伯特·劳夫林收他当徒弟，带他去华盛顿参加国际会议，大三就让他判研究生作业，能做的都做了，就是留不住。难怪劳夫林要哀叹：“斯坦福快要没有好学生了……你要走就走吧，我也不拦你。不过你记住，别的地方不要你，斯坦福保底。”我怎么听怎么就不像人话。

要说哈佛也算是钱江的一桩夙愿了。他大二刚申请转学出国那会儿，每天中午在食堂吃饭，左手一部《孟子》，右手一把勺子，嘴里念念有词，哈佛快来……我问，你现在还有心情看《孟子》？他答，没办法，哲学系一哥们儿托他写稿子，平时没空，只好利用饭前便后了。我于是想起他大一时候写了篇论文送哲学系参评，得过二等奖。不光哲学，文史也巨牛。一次他去听中文系的课，末了和教授探讨一个问题，满嘴经籍，周围中文系同仁个个听得目瞪口呆，那教授见状慨叹中文系今不如昔。

偶然一次我和他谈起我们家楼里住了些大牛，报出金岳霖、卞之琳、钱钟书、夏鼐，他就激动得瞳孔紧缩，浑身抽搐，迫不及待地大声问道，叶秀山在不在？贺麟在不在？沈有鼎呢？我一一据实回答，贺麟在三单元，叶秀山原来在平房后来搬出去了，还有那个沈什么来着的？我没听说过。他惊讶地问，沈有鼎！沈有鼎你没听说过？我说，没听说过，不过四单元还有一个搞哲学的叫周礼全。

他立刻纠正说，周先生是搞数理逻辑的。我说，哦，他给我讲过理发师悖论，别的我就不知道了。他从椅子上弹起三丈多高，连连大叫："哇！你太幸福了！竟然有机会聆听周先生教诲！太幸福了！"半天才冷静下来，用稍缓和的语气问，"你们那儿还有什么比较年轻的牛人吗？"

我说，我们家楼底下刚搬进一位50多岁的，好像叫张家龙，不知道干什么的。他连连说，我知道，我知道，他也是搞逻辑和哲学的，我小学时候就看他的书了。说着从书包里掏出一本图书馆的书，翻到中间一页，指着上面的一个脚注说，喏，就是这本。我探头过去瞅了一眼，见一个冗长的书名后头跟着"张家龙"三字，在我看来和黄家驹也没什么区别。

我炫耀说，我还去过他家呢。他马上又不行了，掐着我的脖子拷问道，哇！你跟他探讨什么问题了吗？我说，有的，有的。他红着腮帮子逼问，是康德还是黑格尔？我终于有点不好意思，老老实实地答道，张先生问我，小朋友，我们家电费这月多少钱？

说过文史哲，还得回到钱江的老本行，数学和物理。

相传钱江小学升初中的时候，被人大附中校长面试。那变态校长对钱江的天才早有不满，一时头脑发热，狞笑着出了一道微积分题，不想竟被钱江做出，顿时晕厥。钱江有个邻居是我高中同学，告诉我说钱江打小每个周末被他爸关在书店里不让出来，久而久之，数学、物理什么的就都练出来了。我听到这个说法之后第一个反应是他爸够狠，第二个反应是他爸一定看过《武状元苏乞儿》。

我去钱江家做客，见他书架床头桌上脸盆里无一处不是书。枕畔一本厚厚的柏拉图，希腊原文加英文注释，是他在北大选学希腊文的辅助教材，吓得我不小心打了个喷嚏，又从书架顶端震落一本形散神不散的外斯科夫《二十世纪物理学》，一打听又是他小学时候看的。他小学时已如此生猛，到中学就更加不可收拾，竞赛获奖无数，高中时候还去罗马尼亚拿了块牌。待进了北大物理系，那更是公认的大才子，师生皆尽叹服。我每次听他跟我讲物理都觉得是一种享受。

大二的某一个晚上，我酒足饭饱之后在三教走廊里溜达，碰到他急匆匆下楼，就把他拦住，随便聊了几句，怎么的就说开了去，一路谈到人生观、世界观，最后他心潮澎湃地给我讲起他的终极理想，那就是做爱因斯坦那样纯粹的思想者。为此他立誓做物理到三十，再视能力修正进

一步的方向。他整整两个小时的旁征博引苦口婆心，终于让我信服我们学物理不仅仅是从兴趣出发，有时候甚至是一种责任，因为这个世界从被创造出的那一刻起，就需要有专门的人来理解它，即物理学家。

其实在钱江给我灌输这些道理之前，我早就认识到他是一个有高级趣味的人。举例说，一次理论力学课间，一个师兄很客气地管我借望远镜。我不明所以，顺手递过，却没想到警觉的钱江马上在一旁叫起来，你们想干什么！可惜为时已晚，话音未落，三教教室窗前已是万头攒动，近半个班的男生挤成一团，争先恐后地抢夺我那个简陋的望远镜观察下面游泳池中的无辜女生。钱江见势不妙，横刀立马一夫当关，妄图用血肉之躯堵住汹涌的人潮，可怜还来不及站稳，就被大众的车水马龙淹没，只剩一个脑袋浮在人群之上，仿佛还要叫几声，却又被周围“美女”“调焦距”的呐喊盖过，终于细不可闻了。

叹钱江一代物理系正选守门员，堂堂北大校运会百米第四，竟落得如此下场！惨案过后3月有余，大家念起钱江，仍不由得拇指一竖，赞道:“是条汉子!”“道德高尚!”——所以说，我早就知道钱江高尚，只是在那天晚上正经听他大谈个人理想之前，我想不到他竟然高尚至斯。从那天起我就衷心祝愿他转学成功，尽早出去为中国学生争脸。果然不久他就如愿以偿，奔斯坦福去也。

钱江去美国之后，和我联络减少。中途他曾回来几次，我却只见了他一面。听说他在斯坦福选了无穷多门物理、数学课，还选学拉丁文，期末考试前一个礼拜住在图书馆里，每天只睡三两个小时。后来就是他不幸被一个从架子上翻落的沉重仪器击中头部，一时血流不止，支撑着摸到电话机旁奋力拨出911。所幸警卫和医护人员及时赶到，方无大碍。一位警官还煞有介事地问他被何人袭击，他无奈指了指身旁那个沾血的仪器。饶是他一贯身体强健，这次也不免住院1个月。再后来，就是他去哈佛读博，音信渐无，再不知晓。

哦，忘了说我们是怎么认识的。那是一次电视台举办的名为“著名科学家和青少年见面”的无聊活动，我和他一同作为著名青少年应邀参加。会上他听说我是北大附中的，第一句话就是冉鹰怎么没来？我解释说冉鹰参加化学竞赛去了。他接着就评论说，冉鹰很厉害，“雷达杯”第一。我那时已经知道“雷达杯”在北京、上海、广州三地一年一届，考试范围极广，数理化天地生无所不包。冉鹰是第三届的第一，光奖金就有一万，钱江则比他低两名，亦是名声大噪。我一时找不出别的话题，干脆顺着他的话接下去说，“雷达杯”的题目很难啊，我记得有一道

题给了几种怪鸟，然后问哪些擅长爬树，哪些擅长游泳。钱江被问得愣了一下，茫然地看了我一会儿，终于很不解地说，你难道不知道鸟是分作鸣禽、猛禽、攀禽、游禽、涉禽的吗？

钱江阅读了大量科技文化类书籍，对他的成才帮助极大。我父母对我十分溺爱，这本来很容易把孩子培养成一个小魔头，我之所以没有危害人间，是因为自幼父母就很鼓励我读书，给我买了许多《十万个为什么》之类的好书。

6 替代诱惑

面对诱惑，我们除了可以将其隔绝，还可以使用替代诱惑的方法。例如戒毒是一件困难的事，所以在戒毒时，可以使用相对安全、副作用较小的美沙酮，对毒品进行替代。当我们面对游戏或网络等诱惑时，找一个隔绝诱惑的学习环境是最简单有效的方法。但是，有时候诱惑难以被隔绝，我们这时除了可以使用“命运罐 2.0”战胜诱惑，还可以采用替代诱惑的方法。充电式休闲，正是用健康有益的休闲，对不良诱惑进行替代的方法。

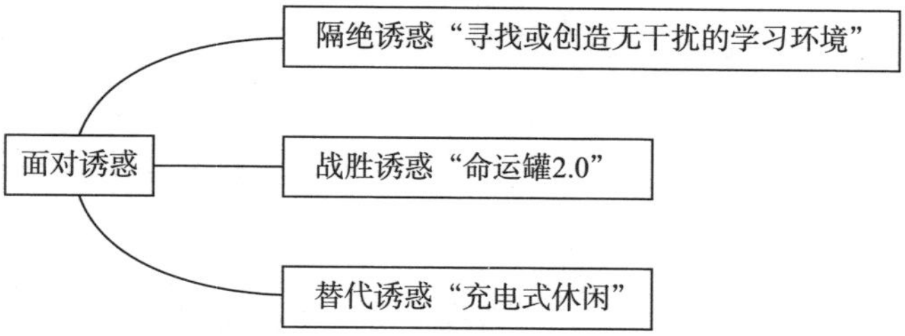

“保研——猪的生活，找工作——狗的生活，考研——猪狗不如的生活”，这是当今大四学生的写照。保研以后，我非常空闲，过着猪一般慵懒和舒适的生活。在大四期间，我疯狂打游戏，每天至少有10个小时浪费在游戏和网络上。荒唐是要付出代价的，我不仅挥霍了一年的青春，而且养成了网瘾和游戏瘾，开始变懒、变弱，成为一个萎靡不振的废材。

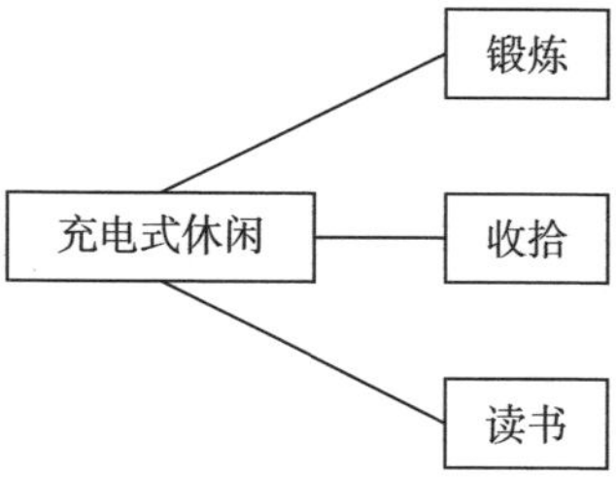

我试图像中学时代那样，隔绝诱惑重新振作，可是读研需要查资料，离不开电脑和网络。怎么办？我用充电式休闲对诱惑进行了替代。当我想要打游戏时，我就去打篮球；当我想要上网不务正业时，我就看本闲书。其实，哪怕是看报纸杂志也比上网瞎逛强。毕竟一本杂志看不了多久，网络却是无限大。我发现这种替代诱惑的方法非常舒服和管用，成功地让我戒掉了网瘾和游戏瘾，重振雄风。

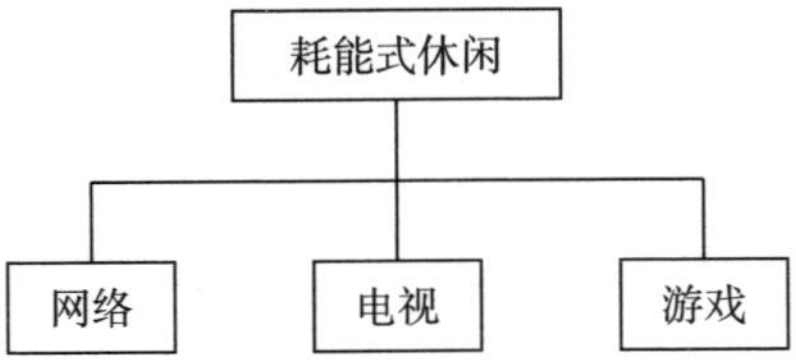

有网瘾和游戏瘾的人，有时候未必是真的多么爱网络和游戏，再好玩的游戏，玩久了，也没原来有意思。很多时候，我们想上网或者玩游戏，只是因为我们学累了，想放松一下，我们真正想要的是休闲和放松，而不是某一种特定的娱乐。所以我们大可以采用充电式休闲，对耗能式休闲进行替代。

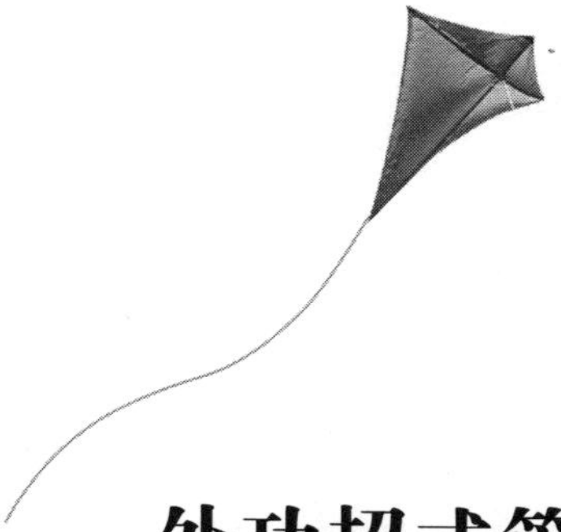

外功招式篇：大气

会玩魔方的人，难道要把几千亿亿种变化全都背下来吗？这类似于用题海战术学数学。想要把题目都记住，是极为愚蠢的做法。

第一招　种棵树来记忆

1　第一式：用苗种树

全国政协前副主席王志珍院士，如果想起曾到北大做讲座的事情，不知会不会记得那个极其丢人的主持人。研一时，我被安排作为王院士的讲座主持人。职责很简单，主要是做个简短的人物介绍。校内外的几百名学生要听这个讲座，包括院长在内的许多教授和领导也会来。

同学和朋友们听说我要当主持人，很好奇会是什么样子，纷纷主动表示一定要来给我捧场。所以我挺认真对待这个简单的工作，买了一套全新的西服，把皮鞋和头发都擦得油光瓦亮，还在事先背了几十遍网上找到的人物介绍。其实只有50多个字而已，我相信自己逐字逐句练了这么多遍肯定没

问题，保证能一字不差地完成人物介绍。

讲座开始后果然爆满，几百个位子座无虚席，好多人站着听，连门口都挤满了人。跟王院士一起站上台时，我看见台下那么多人，多少觉得有点紧张，手心都是汗，不过之前做了大量的练习，心里还是很有底的。谁知道刚说了一两句，个别字有些卡壳，我就慌了，后面的内容只能记得大概而已。我努力回忆那人物介绍到底是怎么写的，但是急得全身冒汗，大脑里一团糨糊，哪里想得清楚。我浑身都在发抖，只好结结巴巴，很费劲地往外挤出字眼。甚至出现了几十秒的停顿，真是很囧很尴尬。

见到台上有一个神色慌乱的主持人，说话语调紧张，前言不搭后语，台下的几百名观众难免出现了各种议论和喧哗，差点就把我嘘下去。这短短的几分钟对我来说就像是过了好几个小时，让我真正体会到什么叫下不来台。最后总算是熬过去了，我好不容易夹着尾巴溜了下去。

记住大概意思和关键词即可

我并不是一个怯场的人，曾获辩论赛冠军，并给一些中学做过几千人规模的学习方法报告会。当时只记住大概意思和几个关键词，演讲时临场发挥就行，效果非常好，完全没有结结巴巴说不出话的情况。完整地背了几十遍资料，连一分钟的介绍都没说好；记住几个关键词，却能口若悬河说 1 个小时。为什么会有这么大的反差呢？关键在于逐字逐句死记硬背犯了演讲的大忌。这导致只要忘记几个字，哪怕是不重要的字，整个内容都容易乱。记住大概意思和几个关键词，演讲的时候像跟台下的听众聊天一样，用自己的语言说清楚，才是演讲的王道。

这跟记忆的原理有关。卓越的英国心理学家巴特利特勋爵发现，人的记忆不是像电脑和复印机那样完美复制，而是记住大概意思，然后用自己的语言重新表达的过程。这很符合我们日常生活中的经验，比如我们看到一个故事，哪怕这个故事并不短，并且只看过一次，我们也能记住它的大概意思，用自己的话把故事说出来。这是轻松简单、毫不费力的事情。但是假如让我们逐字逐句完整背诵这个故事，顿时就变得非常困难。

我背诵的王院士简介是从网上找到的，是别人写的。别人使用词句的习惯和我难免会有差异，我试图一字不变地说出别

人写的话，自然会别扭，造成不必要的困难。我应该按照记忆的原理，记住大概意思和关键词，然后用自己的语言表达，就会容易得多。这有点像种树，我们种树一般都是用树苗种，然后树苗长成大树，这样比较节省成本。种树时如果直接移植大树，就会耗费大量人力物力。逐字逐句完美复述就相当于移植大树，记大概意思和关键词相当于用树苗种树。

画出思维导图

实际的学习过程中，除了语文、英语背课文要求逐字逐句完美重复以外，大多数学科并没有这么严格的要求，在记忆时都可以“种树苗”，只记大概意思和关键词即可。具体怎么做呢？什么词是关键词呢？能作为线索还原整句话或整段话的词就是关键词，一般是作为新概念的名词。比如历史课本上有句话：“孔子首创私人讲学，主张有教无类，认为不分贫富贵贱，人人都有受教育的资格，打破了贵族垄断文化教育的局面。”这句话中哪个词可以当关键词呢？“有教无类”可以是关键词，记忆线索见下图。回答问题时只要不缺要点，用自己的语言组织表达，说出大概意思就行，跟课文有所不同。

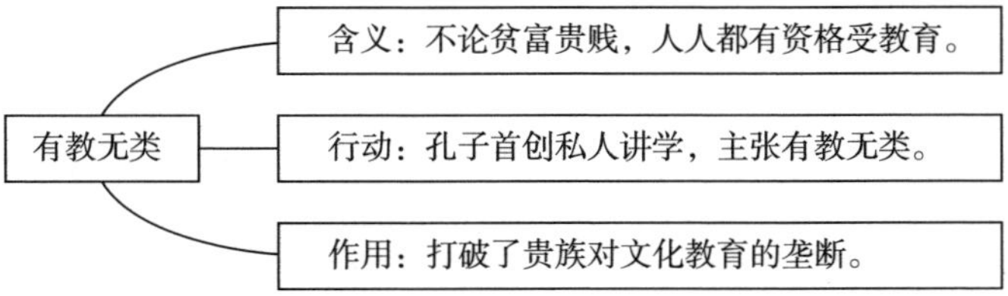

用于方便记忆的关键词可以因人而异，用孔子教育贡献作为线索记忆这个知识点也行。

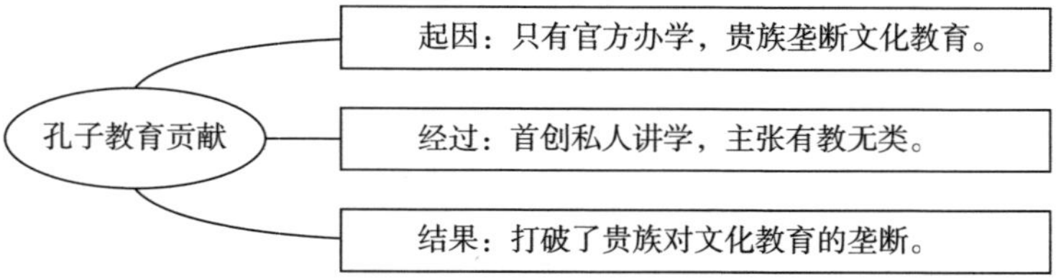

同学们在课本上画重点的时候，经常把一半以上的内容都画了，密密麻麻都是线。全是重点就没意义了。学会用关键词作为线索还原记忆以后，我们画重点只画关键词就行。有心的同学还可以在课本上写上含义或作用等词语，表示是怎么串起来的，比如像下面这样：

“孔子首创私人讲学，主张有教无类（行动），认为不分贫富贵贱，人人都有受教育的资格（含义），打破了贵族垄断文化教育的局面（作用）。”

“不要死记硬背，要理解记忆内容才好。”这句话我们大家听得耳朵都长茧了，但是究竟具体如何做到，始终是比较模糊的。而找到关键词，用它串起一句话或一段话，这个过程会很明确地促进我们实现理解记忆。

不用关键词当线索的同学，常常会有两种低效记忆表现。第一种是不分主次地浏览全文或朗读全文，眼睛很累，舌头很

干，但关键词记得非常模糊，考场上容易漏答得分要点。第二种就是把生物、历史、政治都当成古诗词，全文逐字逐句背诵，这是典型的死记硬背的蠢办法。

前面演示的是用句中关键词作为线索回忆一句话。其实课本编写的过程，本身就是按照线索进行的，所以关键词或关键句也可以被当成线索回忆一段话或一个章节。高中生物教材是按照元素、化合物、细胞器、细胞、系统、种群、群落、生态系统这些大的关键词作为线索进行编写的。大的关键词可以细分为小的关键词，画出图表，可以方便记忆。

之前提到，大概意思和关键词是树苗，在实际学习过程中，很多学习高手往往会将其制作成思维导图，类似于老师上课讲解的教案提纲或是参考书梳理的知识结构图。不过看别人画的图表印象不深，如果自己在笔记本上总结出来，效果肯定会好很多。因为这本身就是一个加深理解的过程。

画思维导图的时候，同学们要尽量避免一个大关键词下面同时出现超过 3 个小关键词（如下图）。遇到这种情况时，可以进行归类总结，这样会更清晰。

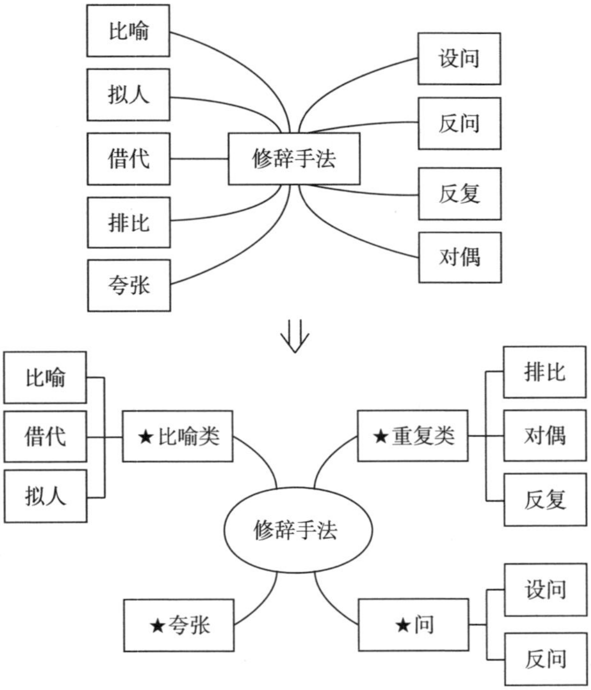

上面的思维导图反映了一个有趣的现象，一下子记 9 个概念不容易，但是如果将其分为几类，每类几个，就好记多了。更容易记住被分类整理过的知识点，每类尽量不要超过 3 个知识点，这是人脑记忆的重要特点。我们平时如果遇到一个大类下面有很多知识点，应当将其分类整理。这很像是把一大堆衣服分类放到衣柜的不同地方。收拾得井井有条，我们用的时候就好找。

秘笈：北大奇人怪招 ☆☆☆☆☆

本章节的标题是“用苗种树”，我们画思维导图其实也要画成树状图。大家平时看见的树，如果有100根粗细不同的枝条，基本都是树干上先长着粗枝条，细枝条都长在粗枝条上吧？很难见到所有枝条同时长在树干上，那更像是雨伞。我们画思维导图时要注意不要画成未经分类的伞状图。

2008年宁夏高考文科状元陈溢辉曾提到过：“应该先理清一条清晰的线索，然后不断地往里添加内容，不断地加强记忆，这样是最有效的。”种树不宜用树，应该用苗；记忆不宜“复印”课文，应该找到关键词，理清线索，画出思维导图，用自己的语言重新表达课文，只要关键词和大概意思正确就行。

我的学生周震非常喜欢这个方法，他认为：“最好不要直接记忆参考书上的知识结构图，虽然这些图是老师们精心编制的，内容全，条理清晰，但毕竟不是自己画的，只是照葫芦画瓢没多大意义。相反，自己整理知识结构图的过程，能够很好地理解知识。自己画的图表，即使有的地方条理不是很清晰，但是依靠自己的视觉记忆和分析，在考试中更容易反映出来。而参考书和老师给出的知识结构图，可以用于查漏补缺。”

他还提出了一个很有意思的观点：“光看课本或者光看老师画的知识结构图容易觉得无聊，自己动手总结可以增加创造性和趣味性，给学习增加动力。”

2 第二式：多次浇水

刚种下的树苗，根比较短和少，吸水能力弱，需要多次浇水。随着树根的成长，我们可以逐渐减少浇水的频率，当这棵树不用浇水都能活的时候，就算长成了。多次浇水，树苗才能活，这个道理很简单。不过植树节大规模种树，之后不浇水，导致树苗大量死亡的新闻是屡见不鲜的。深圳《晶报》报道，由于不浇水，深圳市光明新区出现树苗大面积枯死的情况。干枯开裂的树皮，枯死倒地的树干，令人痛心。光种树不浇水，岂不是在活埋吗？太残忍了吧。这挖的不是树坑，是树坟呀。

记忆也遵循一样的道理，我们一天上了那么长时间的课，做了那么多笔记，看了那么久的书，好不容易才把知识之树种了下去。如果不及时回忆，就相当于只种树不浇水，好多树都白种了，多么可怜和可恨呀。我们要多次回忆新知识，尤其是在当天晚上，尝试不依赖书本直接回想，发现记不住的地方再翻开书看看。

高中时，我对研究学习方法很痴迷，看过许多高考状元访谈之类的书，书中大部分都是些泛泛的空谈。不过有一种方法

让我印象很深，不少省状元都有回想的习惯，每天晚上用 5 ~ 10 分钟回想自己当天学到了什么，有哪些收获。有的状元甚至在白天学习时已经将学到的知识点，总结整理成了图表。睡觉前躺在床上，闭着眼睛，回想今天总结的图表，一张一张过，就像在脑中放幻灯片一样。如果遇到哪些回想不起来的，可以再起来看看或是第二天再巩固一下。这样只花很少的时间，就能将一天所学的知识复习巩固，效率高得惊人。

我将这个方法推荐给了学生张明磊，他也觉得这是个很好的方法。不过他担心睡前回想会导致睡不着，就因地制宜，改成了在每天晚上 10 点钟的时候，一边回忆，一边在一张白纸上把想到的内容写出来或画成图表，如果哪些地方回忆不起来就再翻书看看，大概每天花 15 分钟左右。他刚开始的时候不适应，觉得累，差点坚持不下来。但我告诉他，累是因为这个方法让他一直处于回忆状态，高效用脑。效率高，强度大，就会累。你回忆 15 分钟相当于别人看书复习了 1 小时的效果，能不累吗？有些人也复习，但是只是一边看书一边复习，以为自己学得很认真，实际上更多用的是眼睛，而不是大脑，大脑处于低速运行的状态，很轻松，但是效果很差。

听了我的劝告，他坚持了下来，并且很快就体会到这个方法的好处，记得更牢更清晰，做题的速度变快了。他高兴地告诉我："我觉得这是最好的学习方法，每天都要这么做。"1个多月后，他从班里的第十二名进步到第二名。

另一名学生孙丽颖听了我讲的这个回想法后，也是怕睡前回想会导致失眠，就改成每天晚上都跟她妈讲10多分钟她当天主要学了什么，觉得效果也挺不错的。可见高手的学习方法，你能原样做到当然最好，根据自己的实际情况进行调整也是可以的，至少比不做强。

不知道大家是否注意到，为什么高考状元们就不怕睡前回想会导致睡不着觉呢？其实原因很简单，睡前回想很可能是他们的第二次回想。第一次回想时像张明磊那样一边努力回忆，一边进行归纳总结，制作思维导图和表格。到了睡前回想的时候就非常轻松了，自然不用担心失眠。

3 第三式：树要有根

一只鸡问猪："主人呢？"猪答："出去买蘑菇了。"鸡听了撒丫子就跑。猪说："你瞎跑什么？"鸡大怒："呸，有本事主人买粉条的时候你小子别跑！"

这是一个关于东北名菜的联想笑话，联想不但常用于笑话，对记忆也非常有用。

例如在学习组成生物的元素时，我们要记住常见的六种微量元素，铁（Fe）、硼（B）、铜（Cu）、钼（Mo）、锌（Zn）、锰（Mn）。这并不容易记，如果是死记硬背，过一两周就忘了。

如何能又快又牢地把它们记住呢？把这六个元素的名字“铁硼铜钼锌锰”念几遍，其中的“铁硼铜钼”读起来让人想到经典动漫形象“铁臂阿童木”。而且硼的元素符号是B，读起来跟“臂”是一样的。后面两个元素中，锰跟猛字的读音相同，很自然就可以当成是猛。锌的元素符号Zn里有个Z，可以联想到“最”字的读音“Zui”里也有个Z,那就把它当成“最”字，那么锌锰合起来就是“最猛”。微量元素“铁硼铜钼锌锰”合起来就是“铁臂（阿）童木最猛”，如下表所示。

铁（Fe）	硼（B）	铜（Cu）	钼（Mo）	锌（Zn）	锰（Mn）
↓	↓	↓	↓	↓	↓
铁	臂	童	木	最	猛

用这种联系旧知识或常识来记忆新知识的方法，可以实现快速记忆，而且会记得很牢。不要说一两个月，能记几年都没问题，效果比死记硬背强得多。我们可以把旧知识比作土地，把新知识比作树。新知识和旧知识产生联系，就像是树的根深入土壤中，这样树才能稳固地存在。反之，如果是死记硬背记住的新知识，没有与脑中已有的旧知识或常识发生联系，就像一棵无根的树，容易倒。

前面举了微量元素的例子，是新知识与铁臂阿童木这个动漫人物发生了联系。其实，新知识与学过的旧知识发生联系的例子也很多。如果我们学过英文 pass 是“通过”，port 是“港口”，那么在学新单词护照 passport 的时候，就可以联系两个旧单词，护照不正是与通过港口有关吗？这样记忆新单词就会很容易。

除了文科知识需要联想，理科知识也可以通过联想来记忆。例如学习中学物理的电磁学时，经常需要用到左手定则和右手定则。这两个定理很接近，容易混淆。我们需要记住左手定则与通电导体所受电磁力的方向（发动机）有关，右手定则是主要用来探讨产生感应电流的方向（发电机）。这虽然只有一句话，看似很好记，但是我当时记住后，过一阵到考试时就容易混淆。因为左右这两个相互联系的概念，是特别容易被弄混的。

后来有个非常厉害的物理特级教师，告诉了我“左受力右感电”的记忆口诀，可以区分左右手定则。“力”和“电”这两个字大家肯定都会写，“力”字是往左撇的，对应左手定则，“电”字是往右撇的，对应右手定则。所以就可以牢牢地记住左手定则与导体所受的力有关，右手定则与产生感应电流相关，再也不会混淆了。

我受这个技巧的启发，还想到了“左”的英语单词 left 里有代表力的字母 f，可以联想到左手定则与导体所受的力有关；“右”的英语单词 right 里没有 f，而有表示电流的字母 i，可以联想到右手定则与感应电流相关。这也是很好地区分左右手定则的方法。

我们平时使用电脑、手机和空调等电器都知道要按照说明书使用。这第一招“种棵树来记忆”其实就是一个简单的大脑说明书，“用苗种树”指的是利用关键词作为线索串联课文，比如画出思维导图；“多次浇水”指的是多次回想，尤其是当晚回想；“树要有根”指的是对于难以记忆的知识点，要联想记忆。

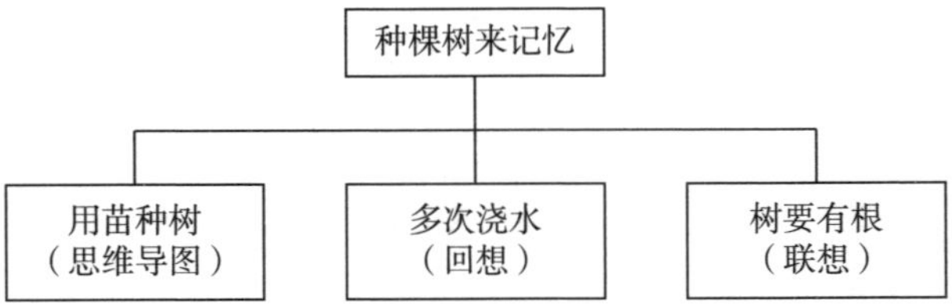

几乎每个班都有几个学生，学得很辛苦，笔记做了特别多，课间都不休息，但是成绩死活上不去，被人在背后很不厚道地议论和嘲笑：“她这么努力，怎么会才考这个名次呀？”“是呀，她每天学得可认真了。”

【网友王小锤：我们班有这种人。】

【网友八门全开：我也有一个这样的同学，看来真的是每个班都有。】

【网友若风巫师：我们班好像没有这样的人，莫非那个被人说的就是我？】

其实除了极其个别的天才或智障以外，人脑之间的差异不大，关键在于使用方法要恰当。这些成绩死活上不去的同学只想着增加学习时间，不重视改进学习方法，提高学习效率。可是做任何事都要讲究方式方法。谁要硬把人脑当成复印机，效果肯定不好；不当天回想，必然忘得快；不联想记忆，难以记住易混淆的知识。

第二招　放火烧数学

数学题往往可以进行多种形式的转化。我曾看过一个非常有趣的视频，里面介绍了一种用线条算乘法的方法，这种方法相当于将乘法计算转化为画线条，数交点。例如 $21 \times 13=$?

拿一张白纸，先在白纸上方画两横，再在下方画一横，中间拉开距离，表示被乘数 21，如图：

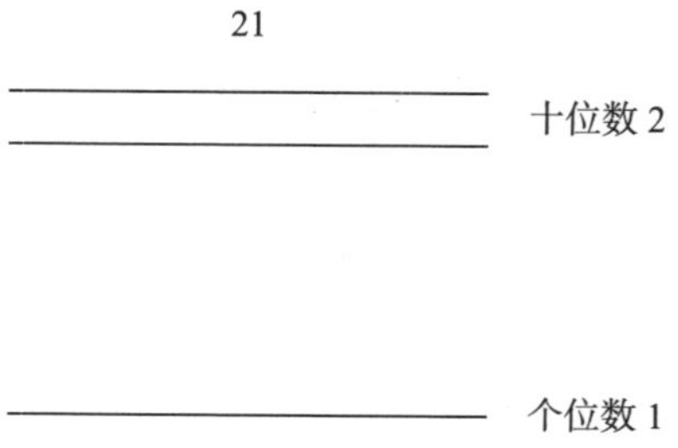

先在左边画一竖，再在右边画三竖，中间也要拉开距离，

表示乘数 13。

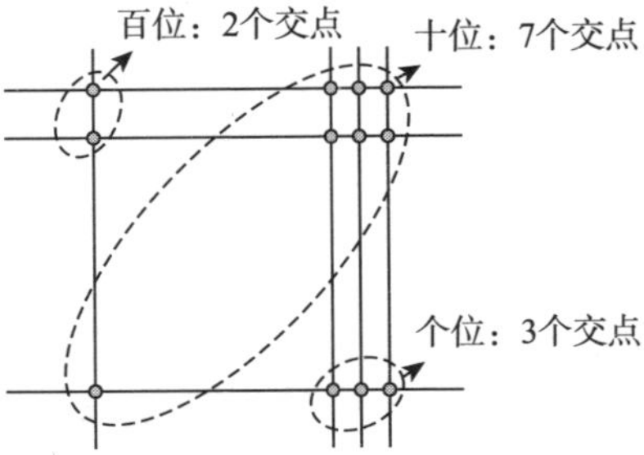

开始数区域的交点吧，按照图示，把交点累加起来就可以了（右下角→左上角依次是个、十、百……），交点累加是 273。没错，21 × 13 刚好就等于 273。

这种线条交点算法，不仅对于两位数的乘法有用，还可以用于更大数字的乘法计算。例如 321 × 12= ？

为了表示被乘数 321，我们先在白纸上方画三横，再在中间画两横，下面再画一横，中间拉开距离。

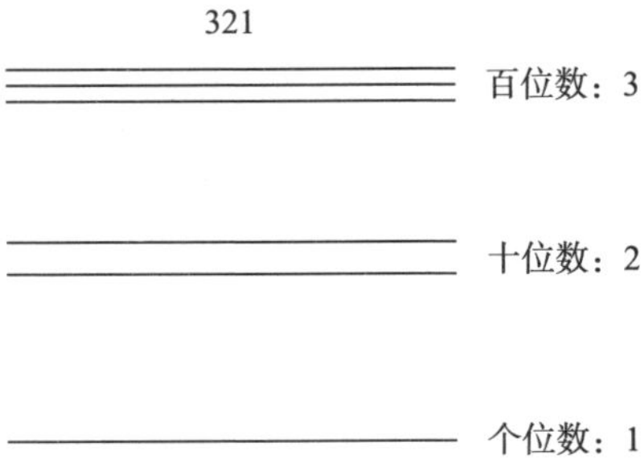

为了表示乘数 12，左边画一竖，右边再画两竖，中间也要拉开距离。

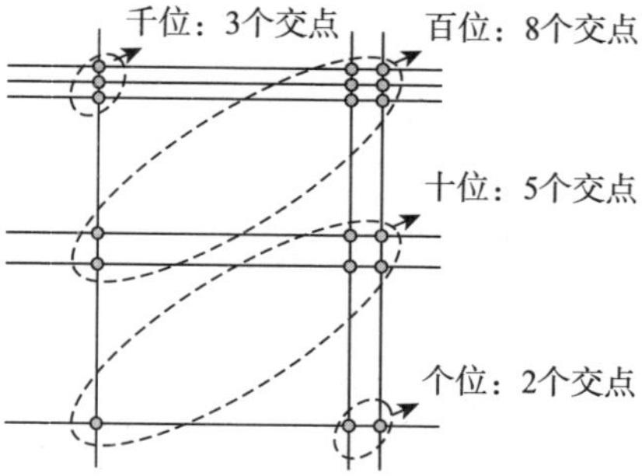

数交点，等于多少？没错，等于 3852！

需要注意的是：用这种方法进行乘法计算时，如果某一位的交点数大于等于 10，要逢十进一。

这种画线条数交点的方法，是将传统的乘法计算，进行了有趣的转化。转化题目，变换形式，是数学解题常用的手段，有许多数学笑话和故事也是以此作为主题。

1 爱放火的数学家

有个数学家觉得自己受够了数学，于是他跑到消防队去报名当消防员。消防队长说："您看上去不错，可是我得先给您做一个测试。"

他带数学家到消防队后院小巷，巷子里有一大堆纸箱，一只消防栓和一卷软管。消防队长问："假如纸箱起火，您怎么办？"

数学家回答："我把消防栓接到软管上，打开水龙头，把火浇灭。"

消防队长说："完全正确！第二个问题：假如这些纸箱没有起火，您怎么办？"

数学家疑惑地思索了半天，终于答道："我就把它们点着。"

消防队长大叫起来："什么？太可怕了！您为什么要把纸箱点着？"

数学家果断地回答："这样我就把新问题转化为一个我已经解决过的问题了。"

这个笑话很冷，但是非常形象地写出了数学家思考与解决问题的特点——化归，即把未知问题转化为已知问题。

苏联著名数学家柯瓦列夫斯卡娅有一句名言："数学解题的过程，就是不断化归。"化归作为数学解题的思想方法，我

高中时多少也有些印象，但是光知道这个方法，对于做题的帮助极其有限，所以，我在高中学数学时走了极大的弯路，到了高三下学期时才领悟了如何培养化归的能力，如何学数学能高效提分。

2 物理与数学的区别

我高中时物理一直学得很好，是班上的物理课代表，考物理经常能拿第一。照理来说，数学、物理两科都挺需要逻辑和计算，比较相似，我的数学也不应该差。但是我的数学成绩长期处于中游，努力了两年多都没什么明显的进步。

我做物理题时有十足的信心和霸气，犹如砍瓜切菜一般。这是因为我发现不管看上去多难的物理题，用倒推法都不难搞定，只要一步一步从所要求的未知量倒推回来就行。

物理的倒推可以分为两种情况。第一种情况是根据公式倒推，比如求电压 U，可以想到欧姆定律 U=IR，或者 U=P/I，我们如果求出这些量就能求出 U。第二种情况是根据关系倒推，如果求电流 I_1，那么根据题目可知 $I_1=I_2+2$，或者 $I_1:I_2=1:3$ 之类的，那么我们如果求出 I_2 就可以求出 I_1。

只要熟悉公式，用倒推法解物理题的思路就很清晰。这是一个非常有逻辑、好理解的过程（见下图）。同学们问我物理题时，我不但能把题目解题步骤告诉他们，而且每一步为什么要这么做，我都能讲得很清楚。有些人听我讲解物理题时，忍不住会笑，我很纳闷，他们就告诉我，觉得我讲物理题时就像个老师一样。

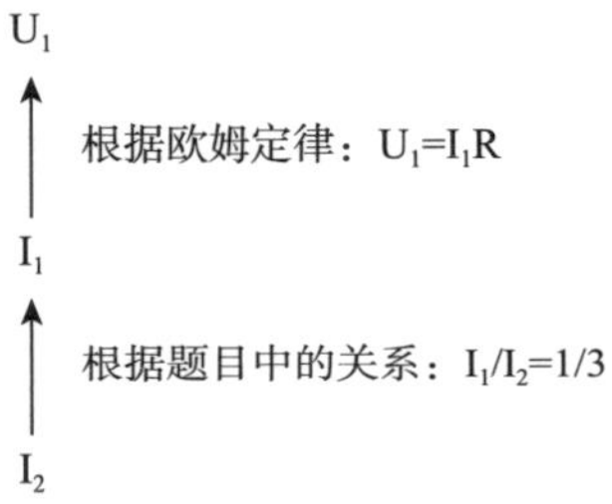

用倒推法解物理题

我以前觉得，数学和物理一样，都是要求严谨和讲究逻辑的学科，那么倒推法用在解数学题上，效果也应该很好。不过结果跟我想的非常不同，倒推法的确对解数学题有用，但效果绝对没有解物理题那样好。这是因为数学题的解题步骤，虽然也有逻辑，但往往比物理题的解题步骤跳跃大。有些步骤非常巧妙，比如一条意想不到的辅助线，一个将复杂方程变简单的神奇转化，简直就跟变魔术一样不可思议。我事后看答案能看懂，但是解题的时候根本想不出来。这种步骤的跳跃性让人非常无奈。

倒推法作用有限，我被数学题虐得很惨。听说一题多解对于提高数学水平很有好处，我也想尝试。但是这更适合于数学基础比较好的同学，像我这种水平一般的，想出一种解法都不容易，又何谈一题多解。

3 数学虐我千百遍

实在没辙，我只好搞题海战术，买了大量数学习题书，其中有本叫《题典》的习题书比字典还厚。这种盲目大量做题的方法效果很差。我经常会遇到不懂做的题，想不出来，就忍不住想看看答案，看过答案觉得明白了，但是过几个星期又不一定记得怎么做这道题。而且，只是背答案背题目的话，这道题只要稍微变化一下，我八成就不会做了。平时考试可能会遇上原题，但是高考的题目肯定会有所变化，所以我感觉自己这样做效率极低，简直就是做无用功。

像我这样水平一般的人，大量做题容易屡屡受挫，非常郁

闷和无聊。我每到暑假就开始玩命做《题典》，经常一做就是一天，被虐得死去活来，很想用头撞墙。实在坚持不下去，就只好边听歌边做题，效率就更低了。一个暑假下来，数学没学到多少，歌曲倒是特别熟，甚至我不听歌的时候，脑子里都回响着那几首 S.H.E 的歌。

题海战术显然是死路一条，我又买了一本介绍数学思想方法的参考书。这是我千挑万选的参考书，里面介绍了数形结合等 8 种主要的中学数学思想方法。发现这本参考书的时候，我特别高兴，心想，如果了解数学思想方法，做题总该没问题了吧，我的数学总算有救了。

结果表明，我还是太天真了。虽然认真看完了这本参考书，的确对做题有点用，但也只是一点点用而已。首先 8 种数学思想方法太多了，一只手都数不完，做题的时候，尤其是考试的时候，哪里用得过来。难道我考试时做一道题还能想半天，到底是用 8 种数学思想的哪一种呢？其次，知道数学思想并不等于会用。即使告诉我某一道题是用数形结合的方法，我也很可能不懂怎么结合。即使告诉我用化归的方法，我也不一定知道，到底如何将题目转化为熟悉或简单的题目。

不过，数学思想虽然不一定能帮助我解题，但是给了我如何学习数学的启发，尤其是其中的化归思想。著名的数学教育家波利亚在《怎样解题》中曾强调:“看到新题目,首先要想一想，这道题与自己熟悉的题目有何联系，能不能将其转化为熟悉的题目。”这句话当时让我挺诧异，难道这位数学教育家要鼓励我们进行题海战术，积累大量熟悉的题目不成？数学题千变万化，背题目就是死路一条呀。

锻炼转化题目的能力

不过我很快就想明白了，关键不在于熟悉的题目够多，而在于转化题目的能力。这是数学解题的核心能力！我之前使用的题海战术，很大程度上是在背题目，并没有锻炼这种能力。如何锻炼转化题目的能力呢？其实很简单，我们可以将例题或是难题进行变化，一题多变，自己给自己出题。具体情况可以看下面这个例子。

例：解方程 $x^4-5x^2+4=0$

分析：该方程未知数 x 有 4 次方的形式，较为复杂。注意到这个方程的形式与熟悉的一元二次方程很像，所以求解这个方程时，我们可以将问题转化为更熟悉和更简单的一元二次方程。

解：设 $y=x^2$，则原方程可变形为 $y^2-5y+4=0$，

代入求根公式，

$$y=\frac{-b\pm\sqrt{b^2-4ac}}{2a}=\frac{5\pm\sqrt{25-16}}{2}$$

解之，得 $y_1=1$，$y_2=4$。

当 $y=1$ 时，$x^2=1$，解得，$x=\pm 1$；

当 $y=4$ 时，$x^2=4$，解得，$x=\pm 2$；

解出此题后，我们可以进行一题多变：

①很容易想到的变化，将题目变成 $x^4-5x^2=0$，注意这样表面看上去更简单了，但是有些人可能只算出 $x=\pm\sqrt{5}$，漏掉 $x=0$ 的解。

②将 x^2 变成倒数形式 $\frac{1}{x^2}$，题目变成求解 $\frac{1}{x^4}-\frac{5}{x^2}+4=0$。

③把 x^2 变成（x^2-1），题目变成求解（x^2-1）$^2-5$（x^2-1）$+4=0$。

④把 x^2 变成 $6x^2$，题目变成求解 $36x^4-30x^2+4=0$。

⑤把原方程变成不等式，即求解 $x^4-5x^2+4>0$ 时 x 的取值范围，或求解 $x^4-5x^2+4<0$ 时 x 的取值范围。

这道题目的变化还有很多种，并不要求将所有变化都想到。我们一开始如果不太习惯，哪怕只想到一两种变化都行，后面转化题目的能力有所提高后，很轻松就能想出很多种变化。如果想到解题思路，也不一定要具体计算变化出来的题目，可以根据个人时间状况来决定。这也是很多数学特级教师鼓励学生采用的学习方法，具有四个明显的优点。

首先，一题多变最直接高效地锻炼了转化题目的能力。转化题目需要的是直觉和联想能力。很多人都觉得数学是一门死板的学科，要想学好数学，最重要的是要有严密的逻辑思维，直觉和联想那是艺术家的事。但是其实恰恰相反，对于学数学来说，直觉和联想比逻辑还要重要许多。获得数学最高奖菲尔兹奖的数学家小平邦彦曾说：“数学当然应该遵循逻辑，但逻辑对于数学的作用，就如语法对于文学的作用一样。写合乎语法的文章，并不是说要按照语法拼出文章。通常的逻辑谁都能明白，要是数学能归结为逻辑，那么谁都应该懂得数学了。”

的确，有哪本名著是因语法好而成为经典的？又有谁只是语法好就能写出好文章呢？要想求出 A，就要知道 B。这种基本的逻辑人人都有，但数学被多数学生当成最难最怕的学科。显然逻辑只是基本的要求，要想学好数学，关键就在于培养对于数学题目的直觉和联想，这被大多数学生忽视了，从而导致了事倍功半的低效学习。变化题目非常直接地训练数学的直觉和联想能力，从而高效地培养这种能力。

其次，一题多变的门槛比一题多解低。前面也提到过，对于数学水平一般的学生，想出一种解法都很难，又怎么能做到一题多解呢？一题多变则不同，它可易可难。以之前的

题目 $x^4-5x^2+4=0$ 为例，就算数学再差的同学，把题目稍微简单地变化成 $x^4-5x^2=0$ 之类的也很容易。如果熟练之后，可以把题目变化得更复杂一些，比如（x^2-1）$^2-5$（x^2-1）$+4=0$ 之类的。

再次，一题多变可以快速地让我们掌握一大类题。一题多变所产生出来的题目，往往是具有联系的题目。一下子思考一类题目的解决方法，印象很深，而且容易总结出规律，比起分散地做题效果好很多。

最后，一题多变是一个主动动脑学习的过程，是一个轻松高效，带来成就感的过程。主动学习并不等同于学习时间要增多，我们宁可少做些题，也要把例题和不会的题彻底掌握。

有些同学被动学习惯了，心理可能会对主动学习有所排斥，觉得累。但这其实只是个错觉，恰恰相反的是，主动学习会让

我们的学习变得极其轻松。

学习是脑力活动，所谓的轻松和累，更多的时候指的是心理感受。被动做事情，不愿意学习还被逼着学，学了半天没什么效果，没有成就感，当然会觉得累。主动学习则完全相反，没有老师、家长强迫我们做这件事情，是我们自己积极主动要做的，这本身就是强者的行为，是值得自豪的事情。而且越主动，效率会越高，效果会越好。只要效率高，有成就感，学数学就不会让人累，反而成为一件快乐的事情。

我买《题典》来搞题海战术，虽然没人逼我，也是一种主动学习，但是在执行题海战术时，很容易出现不愿动脑的被动情况。遇到不懂的题,难以做到努力思考,而是忍不住去看答案。这种背题目、背答案的行为没有锻炼到数学思维和能力。这种不愿动脑的主动学习也仅仅是假主动，只是骗自己罢了。看似勤奋，实际上懒得很隐蔽而已。但是一题多变这种主动学习的方式，具有创造性，是肯定需要动脑的，如果怕动脑累，一开始可以做些特别简单的变化，熟练后再做更多变化。这种变化题目的方式，比起让我们拼命思考去解决一道难题轻松多了。如果连这点脑筋都不愿意动，还想提高数学，就像是不愿干活的人还整天希望发大财，只是做梦而已。

别说是学数学，哪怕是玩植物大战僵尸，我们也得稍微动

点脑筋摆摆防守阵型吧；玩《魔兽争霸 3》类游戏和网游时，灵活的走位和合理的技能施放也是要花些心思的。实际上不管是玩游戏还是打篮球、踢足球，我们多多少少都是要动些脑筋的，一个完全不需要动脑筋的游戏，人们很快就会玩腻，会觉得很无聊。人们并非不愿意动脑，而是非常愿意动点脑筋，很享受其中的乐趣。许多人畏惧的不是动脑，而是大量动脑，绞尽脑汁解决难题。变化题目完全不需要这么费劲，更接近于游戏般的轻松动脑，不会让人烦闷。

我是在高三下学期发现这种方法的，使用之后，很多题目都被我“玩坏”了。数学不再是我的心腹大患，成绩显著提高了 20 多分，达到 135 分左右。要是早些采用这种方法，就不用事倍功半，走那么痛苦的弯路了，成绩也能有更大的提升。

现在回想起来，学数学有点像玩魔方。不会玩的人费九牛二虎之力都难以还原，但是会玩的人两分钟就轻松搞定了。这并不是智力上的差异，而是取决于是否掌握了正确的方法。魔方的变化有几千亿亿种，每种变化的还原方法又有几十个步骤。会玩魔方的人，难道是要把这几千亿亿种变化全都背下来吗？这类似于用题海战术学数学。想要把题目都记住，是极为愚蠢的做法。

会玩魔方的人采用的方法类似于化归，先学会将几种图形还原，然后再练习培养将各种图形转化为这几种图形的能力。随便一个普通人，按照教程练个一两周，都能两分钟还原魔方，并不是天才们才具有的能力。

放火要懂救火

前面我们提到数学家当消防员的笑话，放火是因为他懂救火。我们用化归，不但要有转化问题的能力，而且要有少量例题的储备，否则就算转化成简单的题目也不懂解，那肯定是不行的。

波利亚在《怎样解题》中不但强调了面对难题，要将其转化成更熟悉、更简单的问题。还提到了要联系定义和定理，这往往是解题的重要途径。所以我们平时宁可少做些题，也要多花时间熟练掌握课本上的例题、定义、定理。怎么样才算熟练掌握呢？光看懂看熟不够，脱离课本依然能用自己的语言表述定义，依然能推导出定理和例题，这才是熟练掌握。

后来考上东京大学的永野裕之，高二时数学成绩还远远低于班上平均水平。为了提高数学成绩，永野裕之让父母买了块小黑板，他每天放学回家就在家里自己对着“空气”讲课，在黑板上面讲解当天学到的定理、定义、例题。

“今天，我来给大家讲一讲向量方程式……”

每当永野裕之讲得正起劲的时候，他父母就在想："我家这孩子该不会是受了什么刺激吧……"

正因为他特立独行地给自己讲课，所以总是要积极备课，把要讲的课吃透了。然而，不管之前准备得多充分，一旦"讲起课来"，难免会出现知识掌握不够牢，讲不下去的情况。

这时永野裕之就会拿出课本、笔记和参考书重新学习。如此一来，他就发现了自己之前学习不到位的地方，对所学的知识加深了理解和记忆。他的数学成绩很快取得了巨大的进步，最终考上了日本第一的东大。

弄块黑板未免有些麻烦，我们可以找个笔记本，当成黑板，在上面推导公式和例题。每天放学后，先仔细看课本和课堂笔记，复习一下当天所学的数学定理、定义、例题。然后再在被当成黑板的笔记本上，自己给自己讲课，发现有不熟练的地方，再找课本出来仔细看，如此一来，印象会深很多，做题的时候才能够熟练运用。

这个方法其实跟之前讲记忆时提到的回想法基本是一回事，只是回想法用于数学时，要求更严格，不仅仅是要回想，而且要能够推导出公式和例题。

这样做，可能每天要花去 1 个小时用于复习当天的数学课，会少做一些数学题。但是这个时间花得特别值，因为数学题何止千变万化，别说多做几道题，就算多做几百、几千道题，中高考也不会碰上一模一样的原题。万变不离其宗，课本就是考试题的“宗”，考试题用到的都是课本上的公式和定义，很多考试题都是直接来源于课本例题和习题的变化。把课本彻底弄得滚瓜烂熟，牢牢把握一切考试题变化的源头，帮助我们更容易看出考试题目的“真面目”，比起平时多做些参考书强多了。

其他学科也是类似的道理，但是数学题变化最多最大，题海也就最低效，课本也就最重要。而且数学公式和例题的推导相对其他学科复杂，所以更需要我们投入大量精力到复习课本中，达到脱离课本也能独立推导的地步。

不但数学水平普通的学生需要重视课本，而且许多数学高手也是如此。原杭州二中的数学特级教师蔡小雄提过这样一个例子：2003 年的高考数学被认为是 10 多年来最难的，他的一位女学生却考了满分。她在高三复习时并没有做大量的课外习题，而是非常认真地拿起教材，多次仔细阅读，一道一道地解决课本上的题目。

很多同学白天上完数学课以后，晚上不怎么复习就开始做题，遇到不懂的地方再回头看课本。这其实是非常低效的愚蠢做法，本想偷懒反而事倍功半。一方面，对知识不熟练，做题时速度慢或者不会做，削弱自己学习的信心和兴趣；另一方面，极易造成基础不牢，考试时吃大亏。为了提高数学成绩，我们务必要养成当天复习数学的习惯，达到能够讲解定义，推导公式和例题的程度。如果数学基础特别差，实在达不到讲解定义，推导公式和例题的程度，那么至少也要做到当天复习数学课本和笔记，后续随着基础的提高，考前复习时再讲解定义，推导公式和例题。

关于数学的学习，可以分成四层境界：

第一层境界是符号境界，即死记硬背公式，遇到题目只能生搬硬套，题目稍微变一下就不懂做了。

第二层境界是代数境界，即像上文提到的永野裕之那样，自己给自己讲课，推导公式。这样可以更容易记住公式，并且遇到灵活的题目也能应对。

第三层境界是几何境界，不仅能够推导公式，而且能做到数形结合，将公式与几何图像联系起来。全球知名的数学教育博主 3blue1brown 曾说过：“如果脑中没有这个数学公式对应的几何图像，那我们就无法真正运用它。”我非常赞同他的观点。因为比起文字和公式，人类的大脑更擅长记忆和处理图像。在哔哩哔哩等视频网站上有很多 3blue1brown 的免费数学教学视频，他把众多数学公式做成了几何图形和动画，生动形象，值得推荐。正是看了 3blue1brown 的视频后，我才有了自学数学和人工智能的勇气。

第四层境界是生活境界，即将数学公式与现实生活联系起来，使其更加生动具体。例如自己尝试根据各种数学公式给自己出点应用题之类的。达到第三和第四层境界以后，即使是面对难题，也能游刃有余，答题的速度也会显著提高。很多学生为了多做题，不想多花时间在课本上，而是死记硬背公式加上题海战术记解题思路，这对于数学学习来说是大错特错的。我们应该先尽量多花时间用于给自己讲课，推导公式，还有尽量将公式与几何图像和生活联系起来。之后再尽量做题提高熟练度。此外还可以用代入特殊值等方法去理解和记忆公式，例如当 $x=0$ 时，y 的值是什么，等等。

放火烧数学，其实就是指化归。但是我这里指的化归，并不只是强调用化归方法来解题，关键是用化归方法指导我们学习数学。一方面，要对例题和难题进行一题多变，从而培养数学直觉和联想，提高转化题目的能力；另一方面，要极其重视复习数学课本，达到能够讲解定义，推导公式和例题的程度，使得基础无比扎实。只要做到这两点，就能极大地提高数学学习的效率，显著提高数学成绩。

数学家金字塔

这个“数学家金字塔”，从左到右，从上到下，分别为：

①牛顿、高斯、阿基米德；

②柯西、欧拉、庞加莱、黎曼；

③康托尔、凯莱、哈密顿、艾森斯坦、帕斯卡；

④伽罗华、阿贝尔、希尔伯特、克莱因、莱布尼茨、笛卡儿；

⑤莫比乌斯、雅各布·伯努利、约翰·伯努利、丹尼

尔·伯努利、鲍耶；

⑥狄利克雷、费马、毕达哥拉斯、拉普拉斯、拉格朗日、克罗内克、雅可比、罗巴切夫斯基；

⑦诺特、热尔曼、欧几里得、勒让德。

第三招　用影子模仿术学英语

我高二时的英语成绩很一般，总是在 105 分左右，长期上不去。我分别请教班里两位英语牛人，问他们的英语成绩为什么这么好？他们都很乐意分享英语学习的心得。有个姓李的女生告诉我，因为她有个暑假参加了跟外教一起旅游的活动，全都是用英语和手势交流，既锻炼了英语口语，又培养了对英语的兴趣，后来英语成绩自然就越来越好了。还有个姓邓的男生告诉我，这是因为他报名参加过几次英语演讲比赛。每次比赛都会让他有极强的动力去大量练习，自然就提高了英语水平。

我后来觉得，这也可能跟个人性格有关，他们都是非常自信开朗的人，喜欢与人交流，所以学英语时很乐意去开口说，真的把英语当成一门实用的语言和技能去学习，很容易就能体会到其中乐趣。而且这种自信开朗的性格对于感情和事业都非常有好处。那个姓李的女生个子不高，相貌普通，但是她非常有魅力。她在大学毕业后，找到了一个巨高巨帅的瑞典男友，两人多年来感情很稳定，还环游世界，发照片晒幸福。

那个姓邓的男生过得也很好，不仅事业一帆风顺，有一回还上传了一张他与英国美女牵手的照片，想必这英语是没白学。从这两人的经历看来，“性格决定命运”的确是有道理的。而且性格不是一成不变的，人的经历会影响人的性格，大家不要光读书，也要参加有益的文体活动，比如演讲比赛、辩论比赛和球赛，等等。还要热情待人，多交朋友，尤其是有上进心的朋友。

前面提到了这两位同学提高英语成绩的经历，但是跟外教旅游和参加英语演讲比赛的机会并不是什么时候都有的，所以我还是得另想办法。我买了些介绍学习方法的书来看，有的书提到背诵是学习语言的重要手段，通过背诵英语短文，可以获得语感，显著提高英语成绩。于是我每天用 30 分钟到 1 个小时，背英语课文。刚开始几天我热情高涨，背得很积极很开心。但是背了一周还没有明显的效果，我就没那么积极了，有时候隔一天背一次，差点放弃。不过坚持一个月之后，我终于提高了 10 分，从 105 分提高到了 115 分。之后我还是做不到每天都背，而是改成每周末背两三个小时英语课本或新概念英语课文，断断续续又坚持了 4 个月，我的英语成绩就达到 135 分左右了。

后来我逐渐了解到，很多英语高手都是通过背英语课文取得进步的。

“清华神厨”张立勇生于江西赣南山村，家庭的贫困是他童年最深的记忆。为了减轻家庭负担，高二没上完，他便毅然放弃学业，南下广州打工。临行前，他带上了高中课本。在他心里，上学的梦想并未破灭。

打工的日子里，他擦过皮鞋，当过建筑工人，后来到一家外企当搬运工。他见到外方负责人来厂检查工作，“当时特别羡慕老外身边的翻译，想象自己也像他们一样会英语该多好”。由于干得出色，他逐渐从一个搬运工升到了车间主任，薪水也越来越多，但闲暇时内心总有一种失落和空虚感，想要上大学的梦想时时萦绕心头。

他想到了高校云集的北京。在北京打工的叔叔给他找了份儿当厨师的差事，开始他还有些不太情愿，但一听说是在清华大学，第二天就买了火车票，收拾行李北上了。他清晰地记得，那天是1996年6月8日，“当我踏进清华西南门的那一刻，眼泪‘唰’的一下就掉下来了”。

踏进顶尖学府，每天骑着自行车上班，身边都是同龄人，但行走的方向和目的地不同，“他们去教室、实验室，而我是去食堂”。不过他并不自卑，反而学习的愿望更强烈了。

张立勇在校内的跳蚤市场买了5本清华大学的英语教材，开始自学。食堂的工作紧张，他为了挤时间，就趁短暂的工作间隙，躲在学生们放置饭盒的柜子后面背英语。

他给自己制订了一份“永不动摇的时间表”，争分夺秒地学习着。4年半过去了，他把5本英语教材里所有的单词和课文全部背了下来，并且攻克了语法难关，还加入学校的英语角练习口语……

直到有一天，大学生们惊讶地发现，学校食堂里冒出了一位讲英语的师傅。他卖饭的窗口排起了长队，即使不买饭，他们也要来看看传说中的“英语神厨”；后来，他参加了大学英语四级、六级考试，并顺利通过；而满分677分的旧托福英语考试，他取得了630分的高分；再后来，他利用假期回家乡的高中参加会考，在获得高中文凭后又在北京参加了成人高考，拿到了大学文凭。

2008年时，张立勇在北京奥运会组委会国际联络处担任翻译、秘书工作，还担任了奥运会志愿者语音培训高级讲师，并被评为“中国十大杰出学习青年”。

（上文根据相关报道整理）

新东方教育科技集团的俞敏洪校长在一次讲座时，曾经举过一个优秀学员背课文的事例。

英语学习特别简单，假如说您现在下决心找出几十篇文章，把它们背得很熟的话，说不定会变成英语专家。

我举个例子您就明白了。有个学员现在在杜克大学，这个学生之所以我认识，就是因为他背过《新概念英语》的第三册和第四册。

他从高一开始背第三册，背到高三就背完了，高考考进了北大。进北大后，他本来不想再背了，但是当他背给同学听的时候，其他同学都露出了羡慕的眼光。于是，为了这种虚荣心，他就坚持背第四册，将其背得滚瓜烂熟。他熟到什么地步呢？我把其中任何一句说出来，他能把上一句和下一句接下去，而且语音非常标准，因为他是模仿着磁带来背的。

后来他去了美国杜克大学，给我写信，他写来的英文信，我不敢回，我对他的英文有畏惧感，因为他的英文学得太好。所以我给他写中文信，并告诉他不是我不会写英文，而是想让他温习温习中文，不要忘记祖国语言。（全场大笑）

我们看这种牛人的事迹往往都会感到热血沸腾，然后试图效仿，但有时才坚持了几天就放弃了，只得哀叹一番自己毅力不足、天赋不够。这其实更多是因为我们没有发现其中的窍门。很多人了解这个榜样后，只知道要学他背课文，但忽略了他是怎么背的，他为什么能坚持。他不是像大多数人那样，刚背完一篇以后就再也不管了，开始背下一篇，一边背一边忘，看似背了很多篇但是没记得多少。他在背完以后还多次背诵，实现超量学习，只有这样才能够达到长期滚瓜烂熟的地步。

这样做有两大好处。第一个好处是，多次背诵比只背一遍印象深得多。千鸟在林，不如一鸟在手。花同样的时间，把10篇短文背得滚瓜烂熟，脱口即出，是实实在在的收获，比把20篇短文背过一遍很快就忘了强。

第二个好处是这样多次背诵，反而还比只背一遍的方式容易坚持得多。这句话看起来有点奇怪，但是并不难理解。决定我们坚持的关键因素是收获和进步。只背一遍，很快就忘了，感觉自己就像是在用一张破洞很多的大网打鱼，到底有多少收获，心中没有把握。再加上两三个星期看不到进步，很容易就放弃了。多次背诵，虽然背的数目少，但是记得很牢，感觉自己就像是在用一张完好无损的小网打鱼，心里很踏实，知道自己肯定是有收获的。

而且，多次背诵属于超量学习，有过超量学习经历的人都知道，这会让人感觉自己很强，学习很简单，带来一种很爽的感觉。反复背同一篇短文时，毫不费力地脱口而出是让人很自豪与兴奋的事情，甚至会让人把背诵当成一种特长和爱好。

所以，花同样的时间，我们可以少背一半数量的短文，但是每篇短文应该至少反复背10次以上，这样效果更好，也更容易坚持。10次看着很吓人，其实如果在背完短文当天，再趁热打铁背3次是很容易的事情。反正都记住了，后面的一周内再找时间背 3 次也不用怎么费力。接下来的一周再背 3 次就满 10 次了。如果每次都等快忘完才重新背，那 10 次就变得很痛苦了。

为什么至少要背 10 次呢？因为我高中的时候背 5 次课文，还是达不到烂熟于心、脱口而出的地步。我表妹何洋英语成绩很一般，我推荐她背英语课文。她按照我的建议做了，发现只背一遍，很快就忘了，觉得这样不好，就问我要不要反复背。当时我还没深刻意识到多次背诵的好处，觉得记住英语课文内容没啥用，让她只背一次，结果她没过多久就放弃了。记住英语课文内容的确没啥用，但是背完以后很快就忘掉的感觉很糟糕，会让人产生在做无用功的茫然感，心会累。人最怕的不是身累，是心累，心累就很难坚持了。

前面提到了多次背诵效果更好，更容易坚持下去。第二个促进背诵的方法，是降低背英语课文的难度。一开始的时候选些简短的课文，比如英语成绩中等的同学可以从新概念第二册开始背。在背课文之前应该先熟记生词和短语。最重要的是要理解课文意思，画出一个简单的思维导图，而不是像念经一样死记硬背。如背下面这篇英语课文的时候可以先画个思维导图，就会更容易背。

People often remember what they were doing when they heard

the news of important events in history. In the United States, for example, many people remember what they were doing on April 4,1968. This was one of the most important events in modern American history. On this day, Dr. Martin Luther King was killed in the city of Memphis in America. Although some people may not remember who murdered him, they remember what they were doing when they heard about the event.

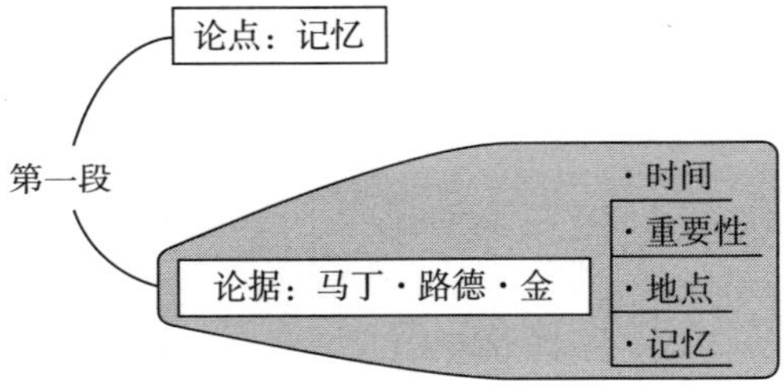

同学们一开始可以看着思维导图背，之后再脱离思维导图背诵。思维导图可以用中文，用英文也行。其实，不单是背英语课文可以用思维导图，背语文课文也是一样的。我的学生张兵觉得《白雪歌送武判官归京》的长度是一般诗的4倍，很难背。我就教他画思维导图，把整首诗的写作顺序表示出来，有条理，有逻辑，他再背就容易多了。

为了做到长期背诵，第三个方法是找个同学一起互相督促，我背给你听，你背给我听。一个人的意志难免有松懈的时候，两个人可以起到互相鼓励和提醒的作用。而且与志同道合的人一起努力，就会像有了战友一样，让人不容易感觉疲倦和孤单。这种战友间的情谊，远比吃喝玩乐混熟的感情深厚，是一生中难得的宝贵收获。大学上英语课的时候经常要求练习英语演讲，很多人都是喜欢凑几个人一起大声读，互相背，这样就比较容易坚持。

我跟来自全国各地的大学同学们聊天时才知道，在一些英语教育很厉害的学校，老师在学生们初中的时候，就让他们每隔一两周背诵很多篇英语短文给父母听。父母听完后签字交给学生，带回学校给老师看。有时候甚至是发磁带，背完A面父母签字在A面，背完B面父母签字在B面。如此这般背诵，英语想不好都很难。不要说中考了，高考都没问题。他们高中就开始学法语之类的第二门外语了。当时听到这些，真是让我感到很汗颜。

英语好，不仅是考试有用，在就业的时候也挺占优势的。我的一位本科同学王君，在毕业时得到了一份来自外国投资银行的工作，起始年薪就超过百万。这种职位竞争极其激烈，来自全球各大顶级名校的许多金融硕士都会拼命争取，居然被他这个主修生物学、辅修经济学双学位的本科生争到了。当时挺让我们吃惊的，还以为他家有关系和背景呢。后来一位知道内情的人告诉我，这种外国大投行根本不在意普通官二代、富二代的背景，除非你有天大的背景才会给你走后门。王君没有天

大的背景，他多年来一直坚持模仿录音背诵英语短文，英语极其好。他甚至在暑假时到新东方教了1个月英语，赚了1万元。王君的口语比很多外国人都标准，这成为他面试时的一大亮点。另一个亮点是他人长得帅。“英语好和长得帅就可以去投行了吗？”我不解地问这位知情人士。“英语特别好、长得帅、还是北大的，这样的人能有多少个？”他打消了我的疑惑。

我在高中和本科期间，经常用背诵短文的方法学习英语。后来我有出国做科研的计划，于是又想找一些新方法和新工具加强英语的学习。我首先找到的是“流利说”APP，里面的“懂你”课程不错，挺适合用来练习“影子模仿术”，即反复跟读录音中的某一句话，同步模仿，如影随形，直至这句话的流利程度和标准程度达到接近外教原声的标准。

这种方法又称“影子跟读法”，未必非得用“流利说”里的“懂你”课程，很多英语教学APP都有类似的功能，可以录音和复读即可。第一阶段是听，我一般是先仔细听几遍这句话的原音，如果实在听不懂再看文字，学习其中的生词。第二阶段是复述，即完整听完句子后，再复述这个句子。第三阶段是跟读，即反复跟读录音中的某一句话很多遍，直至能做到同步模仿，如影随形，还可以尝试用你的声音覆盖原音。第四阶段是录音与对比，即录你的声音，比较其与外教原音的差别，不断改进，直至这句话的流利程度和标准程度达到接近外教原声的标准。

如此长期练习，对于提高口语和听力帮助很大，还能提升单词量和语感。我每次练完半小时“影子模仿术”，口腔的肌肉都会感觉很酸爽，感到自己的语速、语音、语调都在不断进步，很有成就感。最关键的好处在于，这种方法是以句子为单位，比起背诵课文更简单有趣，更容易坚持，甚至可以说有点上瘾。再好的方法，如果不能长期坚持也是没有意义的。

除了“影子模仿术”之外，我每天还与外教在网上聊天半个小时到一个小时，效果非常好，可以极大地提高我对英语的自信心和兴趣。在我读中学的时候，互联网还不像现在这么发达，和外教沟通交流必须要在现场进行，费用很高，往返也麻烦。高考结束后，我上过一门 20 个人的外教小班口语课，因为人太多，交流机会少，所以效果很一般。现在市面上有大量的英语教学网站或者 APP，可以比较便宜方便地与几千公里之外的外教“1 对 1”聊天。

这类网站或者 APP 特别多，我去知乎网站上搜索后发现，知乎网友比较推荐的是 cambly、口语侠、italki 之类的。建议大家不要选那种一次性收你几千元或者上万元套餐费用的网站，最好是选按次付费的网站。我用的 italki 就可以按次付费，随意从几千个外教老师中任选。费用从 40 元一小时到 300 多

元一小时不等，性价比极高。我有个外教是来自澳大利亚的大学退休教授，他当外教其实就是退休无聊想找人和他聊天，所以一小时只收60多元钱，有时超过课时他也毫不在意，很愿意和我多聊。我的另一位外教老师是毕业于哈佛大学的教育学硕士，她的收费是300多元一小时。她上课极其认真负责，教学方法非常多，例如辩论、看图说话、轮流编故事、说谎比赛和绕口令等，教学效果极好。我在这个平台上已经和来自美国、加拿大、英国、澳大利亚、法国、韩国、芬兰、南非、巴西、乌克兰、墨西哥、哥伦比亚和意大利等十多个国家的几十名外教聊过，体验不同文化，非常有趣。我还会尽量选一些学计算机或者物理专业的外教，这样我可以和他们聊聊我自学的一些AI（人工智能）技术。

我以前虽然学了很多年英语，但还是不敢和外国人对话，觉得自己学的简直是哑巴英语。结果才上了一小时的“1对1”外教课，我就可以充满自信地和外教聊得很嗨。有些语句虽然有语法错误，但是外教结合上下文的语境也能明白我的意思，并不会对交流带来很大影响。但是，这正是我们需要小心的地方。有些外教出于礼貌，并不想指出我们的语法或者语音错误。如果长期下去，我们在不知不觉中就有可能养成坏习惯，练出“自创语”，例如说话时总是弄错时态之类的。意识到这点之后，我会请外教指出我的语法或者语音错误，或者告诉我更准确的说法。我聊得很兴奋时语速太快，容易出现语法错误和省略尾音等情况，这时我会有意识地提醒自己放慢语速，避免养成坏习惯。

外教口语练习持续 100 天后，我感觉自己虽然英语水平有了明显提高，但是进入了一个平台期，难以更进一步。于是，我还每天用 15 分钟左右的时间写一篇简短的英文日记，在口语课时请外教帮忙进行润色修改。此外，我还会在口语课上和外教讨论我当天用影子跟读法练习的主题，例如食物、交通、旅行、签证，等等。

我希望拥有标准的发音，于是在知乎上搜索英语发音教程，看到有人推荐 Lisa 的美语发音课程和 Paul 大叔的美式英语发音教程，我便去哔哩哔哩上寻找相关的视频进行学习，效果很不错，比我在 APP 上花钱买的发音课程都强很多。

单词方面，我非常推荐一个叫作“多邻国”的 APP。这个 APP 的优点是寓教于乐，把单词学习变成了游戏，很容易坚持；缺点是单词量不够大，只适合小学生，初中生或者英语成绩较差的高中生，或者是想复习英语的成年人。

行为与结果对照表

动作		结果
课本复习遍数 x	错题复习遍数 y	
$3 \leqslant x < 7$	$3 \leqslant y < 5$	考上一本或 211 大学（不包括 985 大学）
$7 \leqslant x < 10$	$y \geqslant 5$	考上 985 大学
$x \geqslant 10$	$y \geqslant 5$	考上北大或清华
注：多次复习课本并没有想象的那么难，老师上课也会带领大家复习，上课认真听课，也算复习。还有反对经常熬夜。睡眠不足的人，大脑迟钝效率低。学习不仅需要时间，更需要效率和质量。		

没把课本和错题全都复习 3 遍以上，就千万别说自己努力过了，也千万别说自己用过“星号法”。将课本和错题复习 3 遍，只是最低消费。一位《秘笈》的读者考上北大法学院后，告诉我说，他将政治课本用“星号法”复习了 20 遍，他的政治课本有 20 颗星！

答读者问

1. 如何做到将课本和错题复习三次以上?

答：平时学完课本或做完题后，在当天晚上复习一遍，之后主要是利用考试带动复习的节奏。我会在小考试前 4 天，大考试前 4 周进行备考，每次备考又将课本和错题复习两遍，中学的考试那么多，很容易就复习无数遍了。将课本和错题复习三遍，只是“最低消费”而已。我宁可少做一些新题，也要优先保证复习课本和错题的时间。

问：我有次考试没考好，一气之下把课本扔了，现在一直在看参考书上的讲解，上面有现成的解析和归纳总结，看着省事，这样就可以不看书了吧？

答：你还是赶紧买课本吧！参考书是用来辅助课本而不是替代课本的。为什么这么说呢？因为归纳总结的过程，本身就是很有意义的，可以加深我们的记忆和理解。如果直接背别人归纳总结好的东西，虽然省事，但是在考试中难以灵活运用。所以我们要先看课本，尝试着进行理解和归纳总结，再看参考书进行查漏补缺。

这个道理类似于，我们做题的时候肯定是先做完题再看答案和解析。反之，虽然省事，但是效果肯定不好。

问：我觉得课本太简单，没什么用。

答：我发现了一个特别有意思的现象。成绩好的学生，往往都很重视课本，恨不得把课本看无数遍；许多成绩一般的学生，却会轻视课本，觉得太简单，不屑于看。

课本是出题的源泉，怎样重视也不为过。只看一遍课本，未必能看出什么门道。但是将课本和错题都进行多次复习后，我们复习错题的时候，就能联想起课本上的知识点；我们复习课本的时候，有时也能够联想起相关的题型，更容易抓到重点和考点。这就是所谓的融会贯通，效果非常好。

问：复习错题的时候需要重新做吗？

答：我基本上都是重新做的。当时间有限而计算又特别复杂的时候，我才会只想解题思路。

问：因为马虎而造成特别简单低级的错误，这种错题需要复习吗？

答：这种错题我一般不标星号。但是如果同一个低级错误反复出现多次，就会引起我的重视。例如我在做数学题时曾多次犯“25+9=36”的错误，我就将25+9=34抄了整整一页纸，后来再也没有犯过这个错。

2. 如何提高语文成绩？

答：针对各个题型进行专项训练，是提高语文成绩的有效手段。此类参考书在市面上有很多。许多学校都是在初三或者高三才开始进行语文的专项训练。如果在初一或者高一就开始，效果会更好。

3. 如何才能通过使用“星号法”体会到学习的乐趣？

答：“星号法”的乐趣来自两个方面：一是通过画星号，将学习量化、游戏化，产生一种类似游戏升级的成就感；二是更大更主要的乐趣，来自通过多次复习体会到进步和融会贯通的快乐。这两种乐趣都与复习的次数有关，所以关键是要多次复习。

4. 怎样背单词？

答：许多人背单词只背两三遍，难以记牢，而且每次都

等快忘完了才重新开始复习，每次背都像是第一次背，需要花大量的时间和精力，背得很费劲。这样背单词忘得快，容易觉得自己记忆力不好，从而对背单词产生畏惧和厌恶的心理。

而我背单词使用的方法是用“星号法”在短时间内多次重复。每将一页单词背一遍，就在那页上加一颗星号，三天内背七遍，前面两遍是记忆阶段，每遍将个别记不住的单词读读写写三五次。后面五遍是通过遮着英文或者遮着中文进行复习巩固，每遍将个别记不住的单词读读写写三五次。这样就背得滚瓜烂熟了。背单词的具体方式可以根据个人的喜好和时间状况进行调整，只需要做到在三天内背七遍即可。

这个方法有三大好处：

第一个好处，超量记忆，记得特别牢。

第二个好处，花的时间并不多，因为每遍都是在有印象的时候记，很轻松，可以安排在课间等空闲时间，或者在学累的时候作为休闲调剂。如果背的次数少，每次等快忘完了才重新背，那就要花大量的时间。

第三个好处，正是因为轻松，而且记得又牢，很容易令人获得乐趣和成就感。自从使用这种方法后，背单词就成了我的娱乐，让我有种类似存钱的快感。

5. 如何戒游戏？

答：戒游戏有一个简单有效的方法，就是一个字，输。再好玩的游戏一直输也没意思了。

6. 遇到难题太花时间怎么办？

答：遇见难题至少想个 10 分钟以上再看答案。不要直接问人或看答案。思考的过程可以让人印象更深，而且是锻炼思维能力的好机会。想个 10 ~ 20 分钟，如果想出来，是极大的乐趣和鼓励；即使想不出来，也比直接看答案强 100 倍。因为印象会深很多，而且也锻炼了思维能力。但也不提倡想太久，中学生毕竟时间有限。

7. 三分钟热度怎么办？

答：为了强化决心的力量，避免一次次的遗忘和三分钟热度，可以每天将自己的目标读或者写三次，并将目标贴在自己能看得到的地方，经常提醒自己。如果睡宿舍下铺的话，上铺的床底是个贴目标的好地方。

8. 如何实现目标？

答：要想实现目标，往往需要达到入迷甚至入魔的境界。要长期对目标有极度的渴望和痴迷，吃饭、洗澡、坐车，甚至做梦都在想着如何做得更快更好，如何才能实现目标。

9. 厌学怎么办？

答：其实，学习的过程并不痛苦，投入其中反而还能感受到充实和快乐，学习前的纠结和没学习后的悔恨才是痛苦的根源。人越怕苦，吃苦越多。这个世界上并没有天生的懦夫，也没有天生的勇者，经常在心中大吼“我可以的”，鼓励自己勇敢前行，抛弃无谓的犹豫和纠结，你会发现“so easy，so happy”！

10. 学习时如何应对网络等干扰因素？

答：如果是学习时可以长期不使用手机和电脑的中小学生，可以直接采用隔绝诱惑这种简单有效的方法。如果是大学生写论文或者写作业离不开网络的话，可以蔑视诱惑、战胜诱惑的方法，或者是“命运罐 2.0”法。当然，如果中小学生想磨炼意志，也可以直接采取蔑视诱惑、战胜诱惑的方法。

11. 这本书中提到的好方法很多，最重要的方法是什么呢？

答：早睡早起，每天保证 7 ~ 8 小时的充足睡眠。有些人看到抽烟的人会在心里嘲笑他们抽烟损害健康很傻，但是自己熬夜对身体和大脑的伤害丝毫不比抽烟小。

此外，养成运动锻炼的习惯，参考我写的《萝卜计划》来制订计划，用“星号法”将课本和错题复习 5 遍以上，都很重要。

取得好成绩并非易事。方法再好也只是辅助，关键在于长期的努力和坚持，不可奢望两三个星期的努力就能突飞猛进。一般来说，几个月能见效就很不错了。此外，越是针对具体学科的方法，越是需要根据自身实际情况进行调整。